정의는
약자의 손을
잡아줄까?

정의는 약자의 손을 잡아줄까?

손은혜 지음

아이앤지

이 나라에
행복한 사람이 과연 있을까?

'도대체 누가 행복한 거지?' 지난 2014년 10월, 취재파일k로 발령을 받은 이후 20여 개의 프로그램을 만들었습니다. 한 프로그램을 만들 때마다 적어도 10여 명을 만났으니 족히 200여 명은 만난 셈입니다. 그런데 이렇게 많은 사람을 만나고 헤어질 때마다 저는 왠지 힘겨웠습니다. 대한민국에는 상처를 입은 사람들만 가득한 것처럼 느껴졌기 때문입니다. 많은 사람이 말했습니다.

"정말 내가 제일 불행한 것 같아요."

GDP 규모 세계 11위의 대한민국. 풍요로운 시대를 살고 있는데 왜 정작 행복을 느끼는 사람은 이렇게 적은 것일까. 이 시대가, 이 사회가 모두를 불행으로 내몰고 있는 것은 아닐까. OECD 국가 가운데 자살률 1위라는 불명예는 괜히 나온 것이 아닐 테니까요.

취재파일k팀으로 발령이 났을 때 저는 한 가지 결심을 했습니다. '한국 사회를 다각적으로 심도 있게 분석하는 리포트를 만들자. 그리고 할 수 있는 한 최선을 다해 우리 사회 약자의 아픔을 감싸 안는 리포트를 많이 만들어보자.' 이렇게 여러 프로그램을 만들고 나니 이분들의 얘기를 그냥 묻어두기보다 많은 사람에게 알리고 싶었습니다. 20여 개의 프로그램이 어느 정도 일맥상통하는 주제로 묶여지는 것이 많고, 이 주제들을 묶어서 기록으로 남기면 더 많은 사람에게 도움이 되리라는 확신도 들었습니다. 다들 자신이 가장 불행한 줄 알면서 사는 이 시대, 다른 이웃의 얘기를 공유하는 것만으로도 개개인에게 작은 위로가 되지 않을까 하는 생각이 들었기 때문입니다.

그래서 이 책을 쓸 용기를 낼 수 있었습니다. 취재를 하고 돌아설 때면 때로 취재 대상자의 억울함과 눈물에 공감이 되어 제 마음을 추스르기 어려울 때도 많았습니다. 그럴 때면 옆자리 동료에게 말도 안 되는 푸념을 하기도 했습니다. '저 진짜 이러다가 우울증 걸릴 것 같아요.' 곁에서 보고 듣는 제 심정이 그러한데, 온갖 억울한 사연을 쏟아내는 그분들의 심정이야 오죽했겠습니까.

이 책에는 취업으로 고민하는 청년, 노후 준비가 안 돼서 오백 원짜리 동전을 받으러 시내를 헤매는 노인, 집 한 칸 마련해보려다 오히려 전 재산을 날린 소시민, 불합리하게 해고된 노동자, 불공정 계약으로 고통받아 온 협력업체 관계자와 편의점주, 성범죄 피해 여성, 노숙인, 농민, 소방관의 사연이 담겨 있습니다.

오늘 이 땅을 함께 살아가는 우리 이웃이 어떤 고민 속에 살고 있는지 귀를 기울이는 과정에서 여러분이 짊어지고 있는 삶의 짐을 해결할 방안도 도출되리라 믿습니다. 그것만으로도 이 책은 제 역할을 다했다고 생각합니다.

많은 사람의 사연을 들으며 저는 여러 생각을 했습니다. 그리고 인생사의 행복과 불행을 운명 탓으로 돌리는 것은 적절하지 않다는 결론을 얻었습니다. 인간은 누구나 실언도, 실수도, 잘못된 선택을 하기도 합니다. 그러니 살면서 얼마든지 넘어질 수도 있겠지요.

그들이 넘어졌을 때 일어날 수 있도록 손을 잡아주는 사회와 그들의 능력 부족을 탓하며 모른 척하는 사회가 있습니다. 두 사회는 질적으로 전혀 다를 것입니다. 사회복지 제도의 그물망이 촘촘하고 약자를 근본적으로 배려하는 사회 제도가 탄탄하게 갖춰진 사회라면, 인생에서 때로 고비를 만나더라도 시민 대다수가 훌훌 털고 일어날 수 있을 것입니다. 그 반대의 사회라면 그 자리에 주저앉아 계속 나락으로 떨어지고 말겠지요.

우리 사회가 어떤 모습인지는 이미 우리 스스로 잘 알고 있습니다. 강자 독식, 유전무죄 무전유죄, 부익부 빈익빈, 부의 대물림 등 한국 사회를 사는 구성원의 삶은 점점 더 힘겨워지고 있습니다. 하지만 이런 사회 속에 살고 있지만, 이 속에서라도 조금 더 힘을 내면 어떨까요? '나는 원래 못났으니까 이래.' '억울하지만 그만두자.' 이렇게 포기하지 말았으면 좋겠습니다.

'나랑 같은 고민을 하는 사람은 어디 없을까?' '나를 도와줄 제도는 어디에 있지?' 이렇게 적극적으로 묻고 상황을 개선하기 위해 최선을 다해 보는 건 어떨까요? 그 걸음들이 모이면 분명 우리 사회는 더 좋아질 테니까요.

취재파일K를 통해 방송된 이 프로그램들은 정말 많이 부족합니다. 그럼에도 불구하고 유능하지도 않은 제가 책을 낼 결심을 하게 된 것은 이것이 저의 소명이라는 생각이 들어서입니다. 냉철한 비판과 집요한 취재 능력 등 통상 기자에게 요구되는 많은 능력 가운데 제가 제대로 가진 것은 없습니다. 대신 저는 제가 만난 분들에게 깊이 공감하는 공감 능력과 그것을 글로 남길 수 있는 성실함은 가지고 있습니다. 그러니 기자가 된 제가 할 수 있는 최대치의 능력 발휘는 취재한 얘기를 역사의 기록으로 남기는 것, 그리고 이를 통해 내가 사는 한국이 조금이라도 더 나은 사회가 되는 데 일조하는 것이라는 생각이 들었습니다. 그래서 이 책을 세상 앞에 내놓습니다. 개인적으로는 많이 부끄럽지만 이 속에 담긴 내용들, 내가 취재한 과정은 결코 부끄럽지 않기에 용기 있게 이 편지글을 독자에게 부칩니다.

취재파일k의 선후배님, 촬영기자, VJ 감독님, 취재와 제작 과정을 성실하게 도와준 스태프 모두에게 진심으로 감사드립니다.

그리고 나의 가족, 항상 참 많이 고맙습니다.

-2016년 9월, 케임브리지 대학교 작은 도서관에 앉아

차 례

영원한 굴레
'을'의 현실

인간 관계와 사회적인 권력 관계는 아주 미묘합니다. 갑과 을이 존재하고, 그 관계 속에서 갑이었던 당사자가 누군가에게는 을이고, 을이었던 이가 다른 사람에게는 갑이 되기도 합니다. 이 사슬이 얼마나 미묘하고 촘촘한지 언뜻 들여다보면 도대체 누가 을이고, 누가 갑인지 구분이 어렵습니다.

하지만 한 가지 분명한 사실은 이 관계 사슬, 먹이 사슬의 아래로 내려갈수록 삶이 더 어려워지고 팍팍해진다는 점입니다. 아는 것이 적고, 힘이 없고, 더 순진한 사람일수록 이 관계의 사슬 속에서 번번이 피해를 봅니다. 이들 힘없는 사람들의 방패막이 되어 주기에는 우리 사회의 법과 제도는 허점이 너무나 많습니다.

이런 수많은 갑을 관계에 건설 현장이 있습니다. 대형 건설사는 여러 협력업체와 계약을 맺고 공사를 진행하는데, 공사를 하다 보면 공사 기간이 당초 계획보다 길어지거나 공사 대금이 추가로 드는 경우가 많습니다. 이런 경우 협력업체의 상당수가 제대로 된 공사 대금을 받지 못하거나 공사가 거의 완료된 시점에서 계약 해지 통보를 받아 큰 어려움을 겪습니다. 왜 건설 현장에서 건설사와 협력업체 사이에 분쟁이 끊이지 않을까요?

해외건설 현장은 더 심각합니다. 우리나라 건설업체의 해외건설 수주 누적 액수는 6,800억 달러, 우리나라 돈으로 680조 원에 이르렀지만, 이런 실적의 혜택이 건설 현장에 참여하는 업체에게 공평하게 돌아가는 것은 아닙니다. 해외건설 현장에 참여한 중소기업들은 국내 하도급법의 보호를 받지 못한 채 대기업과 계약을 맺고 공사를 진행합니다. 다음 공사를 위해서는 불공정 계약을 감수할 수밖에 없고, 이 과정에서 수많은 문제가 일어납니다.

'갑질'의 폐해가 건설현장에 국한된 것만은 아니었습니다. 프랜차이즈업계도 불공정한 갑을 관계의 폐단이 여실히 드러나는 분야 가운데 하나였습니다. 현재 우리나라에는 2만 8천여 개의 편의점이 있고, 업계 매출액도 해마다 빠르게 늘어 2015년 매출액은 15조 원을 넘었다는 통계도 있습니다. 하지만 이렇게 편의점업계는 고속성장을 하고 있지만, 개별 점주의 이익은 크게 늘지 않았습니다. 편의점업계의 성장 가능성을 믿고 문을 열었다가 낭패를 보고 있는 편의점주도 많습니다.

건설업계, 편의점업계의 속사정을 들여다보며 우리 사회 '을'들이 어떻게 하면 '갑'에게 덜 빼앗기며 살아갈 수 있을지 다시 한 번 고민하는 계기가 됐습니다. 힘없는 사람도 눈물을 덜 흘릴 수 있는 사회가 되려면 얼마나 많은 시간이 필요할까요?

01

매출이 증가해도 본사만 배부르다 - 편의점주

[매출도 폐점도 급증, 편의점 속사정은? 2016년 1월 31일 방송]

강남역 사거리 한 모퉁이를 돌아 거리를 돌아다니며 편의점을 세어 보았습니다. 전국에서 가장 편의점이 많은 곳, 역삼1동. 50여 미터를 채 걷지도 않았는데 다섯 개가 넘는 편의점을 만났습니다. 아무리 유동 인구와 직장 인구수가 많다고 해도 이 편의점들이 다 장사가 되는 걸까? 편의점 문을 열고 점주를 만나봤습니다. 6년째 이곳에서 편의점을 하고 있다는 점주는 말합니다.

"해가 갈수록 매출이 떨어지는 것을 실감한다."

편의점업계는 사상 최대의 매출을 기록하고 있다는데 이건 어찌된 일일까요?

편의점이 늘어난다
자꾸만 늘어난다

역삼1동만 놓고 편의점 성장 추이를 분석해봤습니다. 2011년 역삼1동의 인구는 3만 4천여 명, 편의점은 100여 곳에 불과했습니다. 이 지역의 편의점은 해마다 빠르게 늘어 2015년 200곳을 넘었습니다. 하지만 인구는 3만 4천 8백여 명으로 큰 변화가 없었습니다. 유동 인구나 직장인 인구도 마찬가지로 크게 늘지 않았습니다. 그만큼 편의점 간의 경쟁이 치열해진 셈입니다.

본사는 출점을 많이 할수록 이익입니다. 물건 납품업체에게서 상품을 구매하는 것도 유리해지고, 어차피 개별 점포에게서 받는 할당된 수익률은 같으니 공격적인 마케팅으로 브랜드 점유율을 높이는 것이 수익에 유리합니다. 그러나 편의점 소비층이 늘어나는 속

도보다 훨씬 큰 폭으로 편의점이 늘어나니, 결국 개별 점주의 사정은 어려워질 수밖에 없습니다. 우리나라의 편의점 점포당 인구수는 해마다 감소하여 2015년에는 1,800여 명에 불과했습니다. 편의점 왕국이라고 불리는 일본은 2,400여 명입니다. 우리나라는 편의점 점포당 인구수로는 세계 최저 수준입니다.

편의점주의
손익계산서

그렇다면 실제로 편의점주는 얼마를 팔아서 어느 정도의 수익을 올리고 있는 걸까요? 2013년 문을 연 김준우(가명) 씨의 편의점을 찾았습니다. 원래 슈퍼마켓을 하던 그는 편의점 사업이 전망이 있어 보여 잘되던 슈퍼마켓을 접고 편의점 창업으로 눈을 돌렸습니다. 그때 지금의 업체를 만났습니다. 계약 당시 해당업체는 매출액의 3%가량을 판매 장려금으로 주기로 약속했다고 그가 말했습니다. 그는 이 유인책에 끌려 해당업체와 계약을 맺고 편의점을 열었습니다. 아무리 못해도 '한 달에 2, 3백만 원은 벌겠지'라고 그는 느긋하게 생각했습니다. 하지만 예상은 완전히 빗나갔습니다.

그에게는 '최악의 달'이었던 2015년 11월의 정산표를 들여다봤습니다. 매출액 2,600여만 원. 여기서 물건 원가 1,900여만 원, 가맹 수수료 190만 원, 본사 영업비용 120만 원을 뺍니다. 350만 원이 남

습니다. 이 돈으로 건물 임대료 100만 원을 내고, 아르바이트생 인건비 150만 원을 지급합니다. 남은 100만 원으로 전기와 가스 등 공과금 60만 원을 냅니다. 손에 쥐는 돈이 40만 원입니다. 도저히 생계가 불가능합니다.

그는 더 이상 누적 적자를 감당할 수 없다고 생각했고, 정산서를 꼼꼼하게 살펴보기 시작했습니다. 어디서 돈이 새고 있는가? 가장 먼저 본사가 약속한 판매 장려금부터 살펴보았습니다. 계약 당시에는 분명히 매출액의 3%를 주겠다고 약속했는데 그 비율은 해마다 떨어져 2015년에는 1%대에 그쳤고, 최근에는 그 비율이 1%도 채 되지 않았습니다. 계약 당시 본사가 제시했던 수익도, 약속했던 판매 장려책도 지켜지지 않은 것에 그는 분노했습니다. '이대로는 살 수 없다.' 그가 정산표를 보며 내린 결론이었습니다.

허울뿐인
판매 장려금

　　　　　　　　편의점업계가 출점 경쟁을 하다 보니 후발
편의점업체는 점주들을 끌어들이기 위한 여러 가지 유인책을 씁니
다. 이 가운데 하나가 판매 장려금입니다. 지난 2011년 편의점업계
에 뛰어든 한 업체의 경우, 매출액의 일정 부분을 판매 장려금 형태
로 돌려주겠다고 약속하고 점주들을 끌어 모았습니다.

　해당업체와 계약을 맺은 편의점주가 입수한 본사 자료를 들여다
봤습니다. 본사는 매출액의 3%에 해당하는 액수를 계산해두고, 실
제로 그 액수보다 훨씬 적게 지급한 판매 장려금을 따로 기록해두
었습니다. 그리고 그 차액까지 계산해두었습니다. '매출액 3%를 판
매 장려금으로 주겠다는 약속은 거짓말이었다. 본사는 점주와의

약속을 분명히 기억하고 있으면서도 의도적으로 장려금을 덜 줬다'
라는 점주들의 반발이 나올 만합니다.

이에 대해 해당업체는 판매 장려금을 준다고 한 것은 사실이지
만, 실제 얼마만큼의 비율로 줄지를 약속한 적은 없다고 말했습니
다. 그리고 편의점주들이 입수한 문서는 정식 회계 자료가 아니며,
회계 담당 직원이 임의로 작성한 서류에 불과하다고 반박했습니다.
200여 명의 해당업체 편의점주들은 전체 매장 점주 가운데 70%
가 최저임금도 챙기지 못하는 상황에 처해 있다며, 본사를 상대로
정식 소송을 진행하겠다고 밝혔습니다. 점주들의 임시총회에서, 그
리고 1인 시위 장소에서 대한민국의 많은 소시민 가장들의 눈물을
봤습니다. 그들은 절박했고, 출구를 찾기는 쉽지 않아 보였습니다.

문 닫기는
더 어렵다

이렇게 편의점업계의 경쟁이 치열해지면서
문을 닫는 매장도 크게 늘고 있습니다. 지난 2012년에는 천여 개의
편의점이 폐점했지만 2년 뒤에는 2천 4백여 개로 배 이상 급증했
습니다. 전체 편의점 수 대비 폐점 비율도 4.8%에서 9.7%로 급격히
높아졌습니다. 하지만 문을 닫는 것은 문을 여는 것보다 훨씬 어렵
습니다.

계약 기간을 채우지 못한 채 편의점 문을 닫으려면 본사에 돈을

지불해야 합니다. 점포별 운영 기간에 따라 한 달 평균 이익 배분 금액의 6배에서 12배까지를 물어야 합니다. 이른바 위약금입니다. 여기에 집기 철거비, 시설 손해배상비까지 모두 물어내야 합니다. 아무리 적게 잡아도 수천만 원 단위입니다.

2015년 8월 편의점 문을 열었다가 최근 폐점을 준비하고 있는 이 모씨를 만났습니다. 그의 사정도 딱했습니다. 물건 원가와 가게 임대료를 제한 수익이 300만 원. 이 비용으로 아르바이트생 인건비 300만 원을 내고 나면 남는 게 없습니다. 이런 수익 상태가 개업 이후 지금까지 계속되어 왔습니다. 편의점 문을 연 지 6개월째. 지금 폐점을 하면 5,600여만 원을 본사에 물어야 합니다. 초기 투자금 6,500만 원을 대부분 잃는 셈입니다. 애써 평생 모은 돈으로 큰맘 먹고 투자한 사업인데, 너무 짧은 순간에 모든 것을 잃게 된 상황인 겁니다. 이씨는 좌절감을 떨쳐내기 쉽지 않아 보였습니다. 이씨는 꼼꼼히 알아보지 않고 계약한 자신을 탓하면서도 확실하게 수익이 보장된다고 말한 본사 담당자에 대한 원망과 실망도 감추지 못했습니다.

폐점을 하려는 편의점주들은 제각기 다른 사연으로 힘들어하고 있었습니다. 서울 번동에서 만난 이정애(가명) 씨는 이씨보다 사정이 더 나빴습니다. 공정거래위원회가 정한 기준보다 훨씬 더 많은 위약 금을 물어야 할 상황에 처해 있기 때문입니다. 이씨는 편의점을 하는 내내 적자에 시달렸고, 지병인 허리 디스크로 고통받아 왔습니

다. 그녀는 건강상의 이유로 편의점 운영이 불가능하며, 더 이상의 적자는 감당하기 어려우니 해당 편의점을 양도하고 싶다는 의사를 여러 차례 본사에 피력했습니다. 하지만 본사는 이 요구를 받아들여주지 않았습니다. 그러다 2015년 8월 그녀가 허리 디스크 수술을 받으러 편의점을 비운 사이, 본사는 그녀에게 일방적으로 계약 해지를 통보했습니다. 그동안 밀린 미납금이 많고, 본사와의 합의 없이 편의점 문을 닫았다는 것이 계약 해지의 이유였습니다. 본사는 그녀에게 12개월치의 평균 이익 배분 금액과 시설 위약금, 철거비 등을 합쳐 9천여만 원을 청구했습니다.

공정거래위원회가 제정한 표준거래계약서에는 계약을 해지할 경우 통상 6개월치의 평균이익 금액을 부과하도록 되어 있습니다. 그녀는 이 기준의 배에 달하는 위약금을 물어야 하는 셈입니다. 그녀는 본사에 이유를 물었습니다. 본사는 해당 점포의 경우 서로 합의하에 계약을 해지하는 것이 아니라, 경영주의 귀책사유로 계약을 해지하는 만큼 더 많은 위약금을 부과하게 됐다고 밝혔습니다.

편의점을 한 지 2년여. 그녀에게 남은 것은 빚뿐입니다. 그녀는 자신이 지병으로 경영을 하는 것이 불가능한 상황이었음에도 본사가 계약 해지를 받아들여주지 않는 점은 부당하다고 항변했습니다. 그리고 본사를 상대로 소송을 제기하겠다고 합니다.

눈물의 편의점을 줄이려면

편의점 본사는 회사의 성장을 위해 가맹점의 숫자를 늘리는 데만 집중하는 경우가 많습니다. 본사는 점주의 이익보다 본사의 이익을 늘리는 것이 먼저입니다.

전문가들은 경쟁적으로 점포를 확장하는 업계의 행태를 규제할 수 있도록 거리 제한 등의 기준을 현실화할 필요가 있다고 말합니다. 이와 함께 계약을 해지할 수 있는 요건들이 가맹 본부에게 일방적으로 유리하게 설정되어 있는 점, 가맹본부가 임의로 계약을 해지할 경우 법적으로 이런 행태를 제재할 방안이 마련되어 있지 않은 점 등은 꼭 바뀌어야 할 부분이라고 지적했습니다. 또 점주를 보호할 제도적인 장치가 미흡한 만큼 현재의 상황에서 점주도 자신의 밥그릇을 찾기 위해 노력해야 한다는 충고도 덧붙였습니다. 본사와 맺은 계약서, 정산서 등 수많은 서류 앞에서 꼼꼼하고 날카로운 이성을 발휘해 손해가 될 계약은 절대 하지 말고, 스스로 사전에 상권 조사를 철저히 해서 '망할 사업'은 시작하지 않아야 한다는 겁니다.

전국에 28,000여 개의 편의점을 운영하고 있는 사람들. 비단 편의점뿐만 아니라 수많은 가맹사업에 뛰어든 또 다른 많은 소시민이 있습니다. 당장 내일의 생계조차 불투명한 상황 속에서 고심하고 있는 자영업자들은 누군가의 어머니고 아버지입니다. 그분들의 눈물이 조금이나마 줄어들 수 있을까요? 오늘도 아무렇지 않게 편의점에 들어서지만, 제게 편의점은 제가 만난 많은 편의점주의 눈물이 깃든 특별한 의미가 있는 공간이 되었습니다.

편의점 취재를 한 뒤 우리나라 프랜차이즈법에 관심을 갖게 되었습니다. 해당 취재를 하는 동안에도 다른 업종의 프랜차이즈도 불공정 계약 문제로 본사와 가맹점주 사이에 분쟁이 끊이지 않고 있었습니다. 이렇게 프랜차이즈 관련 법안에 관심을 가지고 본사와 점주가 맺은 계약서의 조항을 살펴보니 계약서 조항에서 어디까지가 불법이고, 어디까지가 합법인지 구분이 쉽지 않다는 것을 알았습니다. 계약서에는 분명히 본사에 일방적으로 유리한 조항이 다수 들어 있었지만, 그것이 명확하게 법에 저촉될 만큼은 아닌 경우가 많았습니다. 그러니 일반 시민이 프랜차이즈를 열 때는 더욱 신중해야 하는 것이겠지요.

또 다른 한편으로 취재를 하면서 놀랐던 것은 예상보다 훨씬 많은 점주가 계약서를 꼼꼼히 읽지 않고 계약을 한다는 점이었습니다. 그렇게 신중한 분석 없이 가게 문을 열면서도 '막연히 내 점포는 잘되겠지' 하는 생각을 하고 있다는 것입니다. 불공정한 계약 조건이나 본사의 횡포는 막아 나가되 자신을 지키려는 노력도 게을리 해서는 안 됩니다.

방송이 나간 일부 편의점주는 본사로부터 폐점 위약금을 물지 않아도 된다는 통보를 받았습니다. 다행스러운 일이지요. 하지만 다른 편의점주는 방송까지 나갔는데도 본사가 아무런 반응이 없다며 실망하고 취재한 저를 원망하기도 했습니다.

이런 일이 있을 때마다 생각하게 됩니다.

세상에는 억울한 사람이 왜 이렇게 많을까? 방송이 해결할 수 있는 영역은 어디까지일까? 진정한 정의란 무엇일까? 강자도 약자도 함께 잘살 수 있는 사회는 불가능한 것일까?

참 어려운 문제입니다.

02

법보다 힘이 앞선다 — 국내 건설 협력업체

[법보다 힘… 건설 협력업체의 눈물 2015년 5월 10일 방송]

도저히 너무 억울해서 참을 수 없다며 저를 찾아온 김성호(가명) 씨는 이렇게 말합니다.

"억울하죠. 너무 억울하죠. 그래도 일단 다음 공사를 맡아야 하니까 입 딱 닫고 계약 조건을 받아들입니다."

그는 한 작은 건설 협력업체를 운영하고 있었습니다. 이 업체는 오랜 시간 동안 주로 종합건설과 거래를 맺고 일감을 받아 공사를 진행해왔습니다. 그러다 지난 2010년 10억여 원의 빚을 진 채 부도를 맞았습니다. 그는 말합니다. 너무 억울하다고. 그가 종합건설과 맺은 계약서를 살펴보니 납득이 되었습니다.

아파트로 주는
공사 대금

       그가 체결한 계약서에는 대물 변제 조항이 들어 있었습니다. 공사 금액의 일정 부분을 한 지방 소도시에 있는 아파트 네 채로 받겠다는 조항이었습니다. 이 아파트가 미분양 아파트이기 때문에 재산상의 이득을 보기 힘든 물건이었다는 것은 차치하고서라도, 그 옆에 붙어 있는 부수 조항이 납득하기 어려웠습니다. 계약서에는 이 아파트 금액의 20%만 공사 대금으로 차감해주고, 나머지 80%의 아파트 대금은 협력업체가 원사업자에게 지불하도록 되어 있었습니다.

  아파트 금액은 한 채당 2억 2천여만 원. 그는 이 가운데 4천 4백여만 원만 공사 대금으로 차감받고, 나머지 1억 8천여만 원은 원사업자에게 지급해야 했습니다. 공사 대금을 받아야 할 입장인데 오히려 아파트 대금을 내줘야 할 입장이 된 겁니다. 그는 억울했지만 다음 공사 수주를 위해서 이 조항을 받아들일 수밖에 없었습니다. 그렇게 그는 공사가 끝난 뒤 미분양 아파트 네 채를 '억지로' 샀습니다. 원사업자에게 아파트 값을 지불해야 하는데, 당장 돈을 마련할 수가 없으니 받은 아파트를 고스란히 헐값에 팔았습니다. 그리고 그 공사가 끝나고 얼마 지나지 않아 회사는 부도가 났습니다.

  그는 원사업자를 상대로 손해배상 소송을 진행했습니다. 해당 계약은 일반적인 대물 변제가 아닌 강매에 해당하는 만큼 원사업자

미분양 아파트로 공사대금 결제

가 협력업체에 손해를 배상해야 한다는 내용입니다. 이에 대해 종합건설은 잘못이 없다는 입장을 유지하고 있습니다. 분명히 당사자와 협의를 거친 계약 조항인 만큼 법적으로 문제될 것이 없다는 겁니다.

추가 공사
하고 나면 다른 말

　　　　　　　　　　지방에서 중소규모 건설 협력업체를 운영하고 있는 김서한(가명) 씨는 어느 날 KBS로 두툼한 서류 뭉치를 들고 찾아왔습니다. 그도 똑같이 말했습니다. '너무 억울하다.' 서류 뭉치 속에 가득 적힌 공사 용어는 이해하기가 쉽지 않았습니다. 건설 현장의 계속된 설계 변경, 추가 공사 지시, 그로 인한 공사 금액 증가.

이 과정을 이해하기 위해 지방의 한 공사 현장을 찾았습니다.

현장에 도착하자 그는 가장 먼저 공사 현장에 쌓여 있는 흙을 보여줬습니다. 그의 업체가 작업을 하기 위해 공사 장소에 도착했을 때, 이미 원사업자인 건설회사는 작업에 필요한 대규모 흙을 준비해둔 상태였습니다. 그는 말했습니다. 원활한 공사를 위해서는 갯벌 성분이 많은 흙을 사용해야 하는데, 진흙 성분이 많은 흙이 와 있었다고 말입니다. 비가 올 때마다 쌓인 흙은 무너져 내리기 일쑤였고, 지반이 단단하지 않아 원활한 공사 진행을 위해서는 설계 변경과 추가 공사가 불가피해졌습니다. 하지만 추가 공사를 지시하고 지시받는 과정에서 문제가 생겼습니다.

건설회사와 해당 협력업체가 맺은 추가 작업 지시서를 살펴봤습니다. 얼마의 기간 동안 어떤 공사를 해야 하는지는 나와 있었지만, 공사 금액은 적혀 있지 않았습니다. 건설 현장은 바쁘게 돌아갑니다. 원사업자는 협력업체에게 '먼저 공사를 빨리 해달라'고 지시합니다. 그리고 추가 공사 금액은 추후에 정산해주겠다고 구두로 약속합니다. 공사 금액에 대한 명확한 합의 없이 추가 공사가 진행되고, 공사가 끝나면 문제가 생깁니다. 협력업체가 추가로 들어갔다고 산출한 금액과 원사업자가 계산한 공사 금액이 전혀 다른 경우가 많기 때문입니다. 협력업체는 다음 공사 수주를 위해 울며 겨자 먹기로 원사업자의 계산을 받아들일 수밖에 없습니다. 협력업체가 도저히 원사업자의 계산법을 따를 수 없다며 심하게 반발하면 중간에 공사 계약 해지 통보를 받기도 합니다. 계약을 해지한 후 원사업자는 '무능하고 문제가 많은 업체'라서 어쩔 수 없이 계약을 해지했다고 말합니다.

그가 대표로 있는 협력업체는 추가 공사 금액이 18억 원이나 들어갔는데 이 가운데 13억 원을 받지 못했다고 주장했습니다. 분쟁이 계속되던 가운데 협력업체는 원사업자인 대기업 건설회사로부터 계약 해지 통보를 받았고, 부도 위기에 내몰렸습니다. 원사업자는 공사 현장에 제공된 흙에 문제가 있었다는 점은 일정 부분 인정했습니다. 하지만 공사 전 7개의 협력업체가 이 흙을 확인하고 난 뒤 입찰에 참여했고, 이 과정에서 해당 협력업체가 최종적으로 선정된 만큼 공사 시작 후에 이 부분을 문제 삼는 것은 받아들이기 어렵다는 입장을 밝혔습니다. 그리고 추가 공사 금액이 얼마가 들

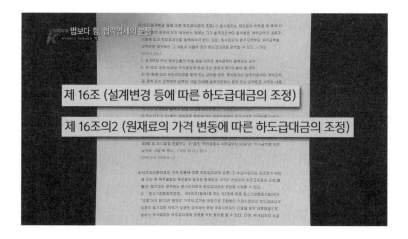

지 정확히 추산하기 어려운 상황에서 작업 지시서에 공사 대금을 명기하기는 사실상 불가능하다고 해명했습니다.

법보다
힘이 가깝다

이렇게 추가 공사가 진행되는 과정에서 억울하게 당했다는 건설 협력업체는 한두 군데가 아닙니다. 현재 건설 현장에서 협력업체와 원사업자 간에 벌어지는 분쟁의 80%는 추가 공사 대금 관련 부문입니다. 구두로 지시하고, 공사가 끝나고 나서 대금을 결제하는 것은 우리나라 건설업계의 오래된 관행입니다. 하지만 이것은 명백한 법 위반입니다. 우리나라 하도급법 3조를 보면 이렇게 되어 있습니다.

'원사업자는 수급사업자에게 제조 등의 위탁을 하는 경우 하도급 대금의 조정 요건, 방법 및 절차를 적은 서면을 수급사업자에게 발급하여야 한다.'

건설업체의 경우 그 기한이 '수급사업자가 계약 공사를 시작하기 전'으로 명시되어 있습니다. 추가 공사의 경우에도 이 법에서 예외일 수는 없습니다. 공사 금액을 적은 서면을 양쪽이 주고받아야 합니다. 그러니 해당 대기업 건설회사의 해명은 자신들이 법을 위반했다는 것을 자인하는 것과 다름없다고 전문가들은 지적했습니다. 공사 대금의 정확한 추산이 어렵다는 이유로 금액이 적혀 있지 않은 작업 지시서를 이용해 추가 공사를 지시하고 협력업체의 문제 제기에 '줄 만큼 줬다'고 맞서는 것은 법 위반입니다.

공정거래위원회의 조사 결과, 2015년에 접수된 하도급 분쟁조정 신청 건수는 1,600여 건으로 지난 2010년보다 400여 건이나 늘었습니다. 서면으로 증거가 남아 있지 않은 상태에서 문제 제기를 해봐야 소용이 없습니다. 공정거래위원회는 이렇게 해명했습니다.

"대금을 특정해야만 대금 미지급 행위에 대해서 하도급법 위반을 적용해서 조치를 취할 수 있는데 그게 확인이 안 되면 아무 소용이 없다. 당사자들 간의 주장이 다를 경우에는 하도급법을 적용하지 못한다."

법보다 힘이 가까운 현실 속에서 협력업체가 선택할 수 있는 방법은 제한적일 수밖에 없습니다.

계약을 성실하게 이행한 업체와
그렇지 않은 업체

이렇게 추가 공사를 하고도 제대로 공사 대금을 못 받은 업체는 정말 많았습니다. 동남아시아에서 국내 굴지의 건설회사에게서 수주받아 화력발전소 건설 공사를 진행한 협력 업체도 같은 문제 제기를 해왔습니다. 해당업체는 후속 공정부터 투입됐습니다. 전반부 공정의 작업 기일이 많이 지연된 상황이었기에, 이 업체는 공정을 빨리 진행하기 위한 별도의 공사를 하도록 지시받았습니다. '정산은 나중에 한다'는 구두 약속을 받은 채로 말입니다. 이번에도 마찬가지였습니다. 공사를 하고 나니 양측이 산출한 공사 금액 규모가 현저히 달라져 있었습니다. 복잡한 회계 장부를 들춰본다 해도 진실을 가려내기가 정말 어렵습니다. 추가 공사에 들어간 금액은 25억여 원. 협력업체는 이 금액의 일부라도 받기 위해 원사업자와 협상하려 했지만 쉽지 않았습니다. 이런 가운데 대기업 건설회사는 공사가 90% 완료된 상황에서 해당업체와의 계약을 해지했습니다. 그리고 계약 이행이 제대로 시행되지 않았을 때를 대비해 한국수출입은행에 맡겨둔 계약이행보증금 12억 원까지 회수해 갔습니다. 계약이행보증금을 회수당한 업체는 건설업계에서 사실상의 '사망 선고'를 받게 됩니다. 신뢰할 수 없는 업체라는 낙인이 찍혀 버리는 셈이기 때문에 다음 공사를 수주하는 것도 매우 어렵습니다.

추가 공사 대금 협상이 제대로 되지 않은 것은 차치하고서라도, 계약이행보증금까지 회수한 것은 너무한 조치 아니냐고 해당 건설업체에 물었습니다. 이에 대해 건설회사는 추가 공사를 진행하느라 예산이 많이 낭비됐기 때문에 적자를 메우기 위해 계약이행보증금을 회수했다고 말했습니다. 해당 협력업체에 가혹한 조치라는 것을 알지만, 자신들로서는 어쩔 수 없는 선택이었다는 겁니다. 그리고 추가 공사 대금은 매 분기별로 다 지급했다고 강하게 반박했습니다.

게다가 건설회사는 해당 협력업체와 계약을 해지한 이후에도 협력업체의 장비와 인력을 그대로 이용해 공사를 진행했습니다. 계약을 해지당한 상태에서 자신들의 자원을 활용하는 것에 화가 난 협력업체는 이에 대해 문제를 제기했습니다. 하지만 원사업자인 건설회사는 다음 인력이 무리 없이 작업을 인수받기까지 상당한 시간이 소요되기 때문에 어쩔 수 없이 이전 협력업체의 인력과 장비를 그대로 이용했다며, '너그럽게 이해해달라'는 입장을 밝혔습니다. 협력업체는 명백한 갑질이라며 분통을 터뜨렸지만, 달리 원사업자의 행동을 막을 방법이 없었습니다.

이 협력업체는 여러 차례 해외 공사를 진행했습니다. 공사를 할 때는 해외에서 현지법인을 설립하고 작업을 하기 때문에, 해당 공사 관련 문제는 한국 하도급법의 적용을 받지 않습니다. 업체는 억울해하며 어딘가에 하소연하고 싶어 했습니다. 하지만 국내 어느

기관에도 찾아갈 수 없습니다. 국내 하도급법은 그들의 보호막이 되지 못하고 있었습니다. 공사를 성실하게 수행했느냐, 그렇지 않았느냐에 대한 기준도 정말 애매합니다. 이런 상황에서 협력업체는 원사업자가 불성실한 공사 수행을 이유로 계약을 해지해도 이 조치를 받아들일 수밖에 없는 처지에 놓여 있습니다. 하도급업체 입장에서는 실컷 공사를 하고도 '성실하게 작업을 하지 않았다'며 공사 종료 시점에 임박해서 계약을 파기당하거나, 계약이행보증금까지 회수당하는 이중 고통을 겪고 있는 셈입니다.

해결
방법은?

어떻게 해결할 수 있을까요? 무엇이 바뀌어야 할까요? 추가 공사 대금 관련 문제가 급증하자 일부 국회의원이 하도급법 개정안을 냈습니다. 공사 현장에서 서면 계약서가 없을 경우에는 추가 공사 관련 비용을 원사업자가 부담하도록 하자는 내용입니다. 전문가들은 이런 강제 조항을 두면, 구두로 작업 지시를 하고 나중에 비용을 다쳤다고 말하는 원사업자의 횡포를 어느 정도 줄일 수 있을 것으로 보고 있습니다. 협력업체가 해외에 법인을 두고 공사를 진행할 경우, 해외법인의 실질적인 소유주가 한국 기업일 경우 국내 하도급법의 적용을 받도록 해야 한다는 목소리도 높아지고 있습니다.

협력업체들을 만나고, 이 협력업체들의 원사업자인 국내 대기업 건설회사 관계자들을 만났습니다. 모두 강력하게 자신들의 입장을 해명했습니다. 양쪽의 입장을 모두 들었고, 하도급법 위반이 업계의 관행으로 용인되는 불합리한 현실을 분명히 알게 됐습니다. 아파트로 공사 대금을 대신 줬던 건설업체는 대물 변제와 어음 할인료 미지급 등이 하도급법 위반 가능성이 있다는 이유로 이미 국정감사까지 받았습니다.

하지만 이런 대형 건설회사의 관행을 규제할 별다른 후속 조치는 나오지 않고 있습니다. 대형 건설회사가 하도급법을 위반해도 제대로 벌을 줄 수 있는 방법은 많지 않습니다. 공정거래위원회의 사건 처리 기간은 오래 걸리고, 그 사이에 협력업체는 문제 제기를 포기하거나 회사가 망하는 경우도 많습니다. 대형 건설회사는 이제 언론이 보도해도 별로 무서워하지 않습니다. 법보다 힘이 가깝고, 또 관행대로 공사 현장은 굴러가기 때문입니다.

방송 이후 해당 협력업체들은 자신들과 계약했던 대기업의 반응을 유심히 살폈습니다. 대기업마다 대응은 달랐습니다. 다행스럽게도 협력업체와 다시 대화의 장을 마련한 경우도 있었고, 소송으로 해결하자며 오히려 목소리를 높인 경우도 있었습니다.

또 아예 방송 내용이나 협력업체의 문제 제기에 대해 무대응으로 일관한 건설사도 있었습니다. 오히려 제보를 한 협력업체 가운데 일부가 새로운 계약 수주에 어려움을 겪기도 했습니다. 업계 관행을 언론사에 함부로 제보했으니, 일종의 '괘씸죄'에 걸린 것이지요. 그분들의 어려움을 담은 프로그램을 보도하면서도 오히려 당사자에게 미안해해야 하는 아이러니한 상황 앞에서 제 자신이 참 무기력하게 느껴졌습니다.

올해 초 '하도급거래 공정화에 관한 법률' 시행령 개정안이 국무회의를 통과했습니다. 대기업이 연 매출 2,000억 원 미만 소규모 중소기업에게 제조, 수리, 건설, 용역 위탁을 하는 경우 목적물을 받는 날로부터 60일 이내 대금을 지급해야 하고, 이를 지키지 않으면 지연 이자를 내도록 한 겁니다. 또 대금 미지급으로 인해 중소기업 피해가 발생한 경우에 대해서는 대기업의 자발적인 대금 지급을 유도하기 위해 공정위 조사 이후 30일 안에 법 위반을 자진 시정하면 과징금과 벌점 부과를 면제할 수 있도록 했습니다.

협력업체를 보호할 수 있는 방향으로 작지만 한 발자국은 나아간 셈입니다.

03

제발 일한 돈이라도 주세요 — 해외 건설 협력업체

[해외 건설, 공사 대금 좀 주세요 2015년 5월 31일 방송]

'이런 계약서도 있을까?' 해외 건설 현장에 참여한 협력업체 대표들이 가지고 온 계약서를 보고 한참을 갸우뚱했습니다.

'하도급사는 계약 서류에 명기되지 않은 사항이 있더라도 공사를 이행해야 한다. 추가 공사를 할 경우 서면을 발급하는 것이 원칙이지만, 원사업자가 구두로 지시할 필요가 있을 경우에는 이에 응해야 한다. 공사 완료 3개월 이내에 하도급 공사 금액에 대한 합의를 못하면, 최종 하도급 공사비는 원사업자가 합리적인 것으로 간주되는 금액을 제시하고 하도급업체는 이를 받아들인다.'

공사를 시작하고, 진행하고, 끝내고, 돈을 받는 모든 과정이 원청

계약 수정, 대금 지불, 작업종료시기는
원사업자가 최종 결정을 할 수 있다

공사자가 지연될 경우
하청업체는 어떤 비용도 청구하지 않고
적절한 조치를 취해야 한다

사인 대기업에만 일방적으로 유리하게 되어 있었습니다.

계약서대로라면 원사업자가 터무니없는 액수의 공사 대금을 주거나, 아예 대금을 안 줘도 하청업체가 이의를 제기하는 것은 거의 불가능해 보였습니다. 이런 계약 조건을 어떻게 받아들일 수 있는지 납득이 가지 않았습니다. 이런 계약을 왜 하는지 협력업체 대표에게 물었습니다. 협력업체 대표는 말했습니다.

"당장 직원들과 장비를 놀리는 것보다는 나으니까요. 그리고 다음 공사를 수주하려면 어쩔 수 없습니다."

국내법의 적용을 받지 않는 해외 건설 현장에서는 불공정 계약이 판을 치고 있었습니다.

**공사 대금도 기간도 계약 해지도
원사업자 마음대로**

2015년 5월 10일 건설 협력업체의 어려움을 보도한 뒤 여러 협력업체 대표들이 '나도 정말 억울하다'며 제보를 해왔습니다. 이 가운데 몇몇 대표는, 해외에서는 사정이 더하다며 분통을 터뜨렸습니다. 국내 건설 현장이야 국내 하도급법에 따라 공정거래위원회에 신고라도 할 수 있지만, 해외 건설 현장의 경우 이런 조치도 불가능하다는 겁니다. 하지만 사정을 얘기해달라고 전화를 하거나 인터뷰 요청을 하면 열에 아홉은 거절했습니다. 답답하고 분하지만 인터뷰해서 잘못 찍히면 앞으로 자신들의 업계에서 일하는 것은 끝나는 것인데, 어떻게 언론사에 사정을 말할 수 있겠냐는 겁니다.

그렇게 여러 업체를 취재하다가 국내의 한 대기업 건설회사와 계약을 맺고 공사를 진행했다가 부도 직전에 처했다는 한 업체를 만났습니다. 그 업체는 여러 대기업과 일하며 서러움도 많이 겪었지만, 그럭저럭 매출 규모를 유지하며 현상 유지를 해왔습니다.

하지만 두바이에서 한 건설회사가 발주한 도로 건설 사업에 참여했다가 큰 어려움을 겪었습니다. 대부분의 공사 현장이 그렇듯 이번에도 선행 공정이 늦어졌습니다. 후행 공정을 맡은 이 협력업체는 공기를 맞추기 위해 장비와 인력 투입을 늘릴 수밖에 없었습니다. 추가 공사가 진행됐지만 구두로 지시받을 때가 많았습니다. 추가 공사비용이 제때 지급되지 않자 자금 사정이 점점 어려워졌습니다. 공기를 맞추라는 원사업자의 압박은 심해지고, 돈은 없고. 현지 인부들에게 임금 체불을 하는 횟수도 많아지자 더 이상 견딜 수 없었습니다. 해당 협력업체는 건설회사에게 돈이 당장 급하니 영수증을 제출하면 영수증에 적힌 금액만이라도 결제해달라고 부탁했습니다.

건설회사는 이 요구를 받아들였습니다. 하지만 정작 영수증을 제출하면 내역을 믿을 수 없다며 인건비만 지급하고 나머지 금액을 지급해주지 않았습니다. 그리고 공사가 90% 마무리된 상태에서 계약 해지 통보를 했습니다. 협력업체 관리를 제대로 못해서 업체 인부들이 원사업자에게 와서 항의하는 일이 너무 많다는 것이 계약 해지의 이유였습니다. 건설회사는 협력업체가 자신들에게 손해를 끼쳤다며 장비도 모두 차압했습니다. 그리고 공사가 제대로 이행되지 않을 때를 대비해 공제조합에 맡겨둔 10억여 원의 계약이행 보증금도 회수해 갔습니다.

빈손으로 한국에 들어온 협력업체는 분통이 터졌지만, 일단 정산부터 하기 위해 원사업자에 매달리기 시작했습니다. 하지만 협의는 이뤄지지 않았습니다. 해당 협력업체는 공정거래위원회로, 변호사 사무실로 이리저리 뛰어다니기 시작했습니다. 그리고 언론사의 문도 두드렸습니다. 하지만 원사업자는 완고했습니다.

해외 건설 현장은 국내법 사각 지대

해외에서 건설 사업을 진행할 경우 대부분의 업체가 해외 현지법인을 설립해서 계약을 합니다. 원소유주는 한국 기업이더라도 현지에 페이퍼 컴퍼니를 설립해서 계약을 해야 사업 진행이 가능하기 때문입니다. 이 과정에서 문제가 생깁니다. 국내법의 감시를 벗어난 상태에서 계약을 진행하다 보니, 원사업자가 계약 조항을 일방적으로 자신들에게 유리하게 제시하기 시작한 겁니다.

해외 건설 현장에서 체결된 계약서를 보면 계약 수정도, 대금 지불도, 작업 종료 시기도 모두 원사업자가 결정할 수 있도록 되어 있는 경우가 많습니다. 공사가 지연될 경우에는 어떤 비용도 원사업자에게 부과하지 말고, 협력업체 스스로 적절한 조치를 취하라고 되어 있는 계약서도 있습니다. 인터뷰에 응한 한 협력업체 관계자는 자신이 해외 현장에서 작성한 계약서를 두고 '노예 계약서'라고 지칭했습니다.

이런 문제를 해결하기 위해 지난해 공정거래위원회와 국토교통부가 해외 건설업 표준하도급계약서를 만들었습니다. 국내 하도급법에 근거해서 해외 건설 현장에서도 합리적으로 계약할 수 있도록 일종의 가이드라인을 제시한 겁니다. 하지만 이 계약서는 권고 사항일 뿐 강제 사항이 아닙니다. 현장에서 지키지 않는다고 해도 법적인 제재를 할 수 있는 것은 아니기 때문에 '안 지켜도 그뿐'인 경우가 대부분입니다. 해외 건설 현장에서 공사 대금을 못 받았다며 협력업체들이 눈물을 흘리는 일이 반복되는 이유입니다.

하도급의 하도급
악순환의 고리

건설 현장에는 하도급의 고리가 몇 단계씩 이어집니다. 하청의 하청, 재하청의 재하청이 꼬리를 물고 이어집니다. 해외에서 이 단계가 몇 단계 내려가면 공사 대금을 받기는 더 어려워집니다.

지난 2013년 국내 대기업 건설회사가 발주한 말레이시아 공사 현장에 참여한 한 업체를 만났습니다. 이 협력업체는 대기업 건설 회사의 협력업체와 다시 하도급 계약을 맺은 이른바 '재하청'업체입 니다. 이 건설 현장에서도 대금 관련 분쟁이 계속됐습니다. 추가 공사는 계속됐고 대금 결제는 지연됐습니다. 물건을 보내고도 결제를 못 받는 일이 잦아졌습니다. 해당 협력업체는 자신과 계약한 협력

업체에게 공사 대금을 달라고 여러 번 간청했습니다. 하지만 회사는 '우리도 곤란하다. 우리의 원사업자인 건설회사가 대금 결제를 안 한다'며 대금 지불을 차일피일 미뤘습니다. 이런 일이 쳇바퀴 돌듯 반복되자, 해당 협력업체는 원사업자인 대기업 건설회사에 직불을 요청했습니다. 차라리 재하청업체에게 직접 공사 대금을 결제해 달라는 업체의 요청에 대기업 건설회사, 중간 협력업체, 그리고 재하청업체 모두 협의를 했습니다. 세 차례나 세 개의 기업 이름이 모두 들어간 직불동의서가 오갔습니다.

하지만 대기업 건설회사는 끝내 직불을 하지 않았습니다. 해당 재하청업체가 못 받은 것으로 추산하는 금액은 18억여 원. 이 업체는 지금 대부분의 직원이 임금을 받지 못해 회사를 떠났습니다. 이 공사를 하고 난 뒤 도산 위기에 처한 겁니다.

대기업 건설회사는 말합니다.

'직불 의사가 있지만 우리와 직접 계약을 맺은 협력업체가 연락이 안 된다. 일단 그 업체와 정산이 제대로 되어야 재하청업체에 직불을 하든 말든 할 텐데 우리도 정말 곤란하다.'

연락이 안 된다던 해당 협력업체에 제가 연락을 해봤습니다. 연락은 쉽게 닿았습니다. 대표는 말했습니다.

'빨리 좀 정산하자. 우리도 곤란하고 우리에게 하청받은 재하청업체는 더 곤란할 것이다.'

정산을 하고 싶지만 협의가 안 돼 정산을 못하고 있다는 대기업 건설회사의 해명은 사실이 아닌 것으로 드러났습니다. 이렇게 원사업자가 일방적으로 대금 지불을 미루는 사이 하청업체도, 재하청업체도 어려움에 처했습니다.

국내 하도급법에 따르면 원사업자가 공사 대금을 2회 이상 연체하면 재하도급업체가 원사업자에게 직불을 요구할 수 있도록 되어 있습니다. 하지만 이 재하청업체가 국내 하도급법을 적용받을 수 있을지 여부는 불투명합니다. 끝까지 대기업 건설회사가 대금 지불을 나 몰라라 한다면 해당 협력업체는 공사 대금을 못 받고 이대로 도산할 수도 있는 겁니다.

화려한 성장의 그늘

우리나라 해외 건설 수주액은 한 해에 60조 원이 넘습니다. 크고 작은 해외 건설 현장에 참여하고 있는 업체는 2014년에만 5,800여 곳에 달했습니다. 해외 건설 성장의 뒤편에는 억울한 사정을 당해도 말 못하고 다음 공사를 위해, 먹고 살기 위해 숨죽이며 일해 온 사람들이 있었습니다.

우리 사회에는 수많은 갑을 관계가 존재합니다. 제가 취재한 중소 협력업체 대표들도 대기업을 상대로 해서는 을이지만, 또 다른 누군가에게는 분명히 갑이 될 것입니다. 돈을 못 받은 누군가는 또 다른 누군가에게 돈이 밀리고, 다시 그 사람은 다른 누군가에게 돈

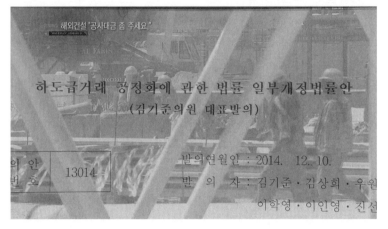

을 주지 못합니다. 이 속에서 더 작은 업체일수록, 더 힘이 없는 사람일수록 더 많이 피해를 봅니다. 이런 가장 낮은 곳의 희생을 바탕으로 삼아 하도급 피라미드의 가장 윗 단계에 있는 업체는 상대적으로 가장 적은 피해를 봅니다.

우리나라 건설 현장의 고질적인 병폐는 해결될 수 있을까요?

추가 공사를 지시할 경우 반드시 서면을 통하도록 하고, 서면이 없을 경우 원사업자에게 추가 공사 대금을 부과하는 하도급법 개정안, 공정거래위원회의 사건 처리 기간에 제한을 두는 공정거래법 개정안이 국회에 계류되어 있습니다. 하도급 구조의 가장 아래에 있는 사람들, 가장 돈 없고 제일 힘없는 사람들의 눈물이 이 법안들로 인해 조금이나마 줄어들 수 있기를 희망합니다.

2015년 5월 한 달 내내 건설 협력업체만 생각하며 살았습니다. 아침에 눈을 뜨는 순간부터 잠드는 순간까지, 밥을 먹는 순간에도 자꾸만 계약서들과 협력업체 대표들 얼굴이 눈앞에 아른거렸습니다. 저녁마다 잘 알지도 못하는 건설사 계약 문서를 손에 들고 고민하고 또 고민했습니다.

어떤 리포트이든 누군가를 비판하고 '잘못했다'고 말하는 것은 살얼음판을 걷는 것처럼 조심스러운 일입니다. 해당 협력업체와 계약을 맺는 대기업과 마주앉아 '당신들이 이런저런 잘못을 하지 않았냐. 해명하시라' 인터뷰를 요청하는 것도 쉽지 않았습니다. 기자로서 당연히 해야 할 일이지만, 저 개인으로는 그 압박감과 긴장감을 감당하기가 쉽지 않았기 때문입니다. 협력업체도 원사업자도 모두 납득할 수 있어야 하고, 어떤 업체에게도 이의 제기를 하거나 문제 제기를 할 여지를 남겨서는 안 된다는 중압감이 심했습니다. 저나 언론사도 협력업체와 원사업자처럼 소송의 소용돌이에 휘말릴 수는 없는 일이었으니까요.

방송이 나간 뒤 협력업체들은 이런저런 방법으로 원사업자와 또 다른 협상의 테이블을 마련하는 듯 보였습니다. 잘 해결된 곳도 있고, 그렇지 못한 곳도 있습니다. 협력업체 가운데는 방송에 나와 얘기한 것을 잘했다고 평가하는 분도, '괜히 했다. 이 바닥에서 일하기 곤란해졌다'며 후회하는 분도 있었습니다.

이 리포트로 저는 81회 '이 달의 방송 기자상'을 받았습니다. 정말 감사한 일이었지만, 제 취재의 깊이와 고민의 정도가 상을 받을 만한 가치가 있었는지 여러 번 되물었습니다. 우리 사회가 갑과 을이 공정하게 공존할 수 있는, 그런 성숙한 사회가 되기를 바랄 뿐입니다.

'노동자'와 '고용주'가
함께 행복해질 권리

인간이라면 누구나 가져야 할 기본적인 권리는 어떤 것이 있을까요? 먹고, 자고, 입을 수 있는 의식주의 권리가 가장 먼저 떠오릅니다. 노동하고, 교육받고, 아플 때 치료받을 수 있는 권리 또한 기본적으로 지켜져야 하겠지요.

모든 권리가 그러하겠지만, 현대 사회로 올수록 노동권을 둘러싼 논쟁은 더욱 복잡한 형태로 전개되고 있습니다. 노동의 형태도 종류도 다양해진 상황에서 기존의 노동법으로는 보호할 수 없는 여러 문제가 생겨나고 있기 때문이지요. 이런 문제들 가운데 하나가 간접고용입니다. 대기업의 이름을 걸고 소비자와 가장 많이 접촉하고 있지만, 간접고용 근로자라는 이유만으로 열악한 처우와 고용불안에 시달리는 경우가 많은 통신업체 소속 설치, 수리기사를 만났습니다. 이들은 우리 사회 노동자들의 불안정한 처우의 일면을 극명하게 보여주고 있었습니다.

이런 노동자들을 취재하고 나니 노동자를 이윤 창출의 수단으로만 삼는 기업이 아닌, 이윤 창출의 목표로 삼는 기업을 간절히 만나보고 싶었습니다. 그래서 사회적기업을 만났습니다. 소외 계층에게 일자리를 제공하고 지역사회에 이익의 상당 부분을 환원한다는 사회적기업의 본래 목표는 잘 실현되고 있는지 궁금했습니다. 정부 인증을 받은 사회적기업이 1,200개가 넘는 이 시대에 사회적기업은 어떤 어려움을 겪고 있는지 들여다봤습니다.

즐거운 노동, 의미 있는 이윤, 노동자도 기업가도 모두 행복한 사회. 이런 사회를 이루는 것은 가능할까요?

04

내 회사를
내 회사라고 할 수 없어요 — 간접고용 노동자

[허울뿐인 대기업 근무복 2014년 10월 31일 방송]

올해 서른네 살의 김정선(가명) 씨는 인터넷 설치기사로 일하고 있습니다. 그는 네 아이의 아버지이자 남편이고 가장입니다. 올해로 인터넷 설치기사 일을 한 지는 4년이 됐고, 크고 작은 사고를 당하기는 했지만 비교적 성실하게 회사 생활을 잘해왔습니다. 하지만 그는 최근 꽤 큰 사고를 당했습니다. 전봇대 위에 올라가 작업을 하다가 옆에 있는 나뭇가지에 눈이 찔려 각막이 찢어졌기 때문입니다. 치료를 받았고, 회사로부터 소정의 병원비를 받기는 했습니다. 하지만 별도로 산재 처리를 받을 수는 없었습니다.

회사 측은 '경미한' 사고여서 산재 처리까지 하기는 무리였다고 판단했지만 그의 입장은 달랐습니다. 당장 일을 쉬면 생계가 위태로운 데다 일을 쉰다고 해도 따로 보상이 나오는 것도 아닌 상황에서 병석에 누워 있을 수는 없었습니다. 왜 산재 처리가 안 되는지, 왜 하소연할 대상이 불분명한지 억울한 마음이 들었지만 안약을 손에 쥐고 수시로 약을 넣어가며 다시 일터로 향할 수밖에 없었습니다. 그는 말합니다.

"정규직 분에겐 미안하지만 비정규직도 같이 잘살수 있었으면 좋겠습니다."

왜 비정규직으로 일하는 사람이 '정규직 분'에게 미안해해야 할까요? 왜 근로기준법에 맞는 노동 환경 속에서 일할 수 있기를 요구하면서 망설여야 할까요? 간접고용 노동자를 만나면서 이 의문의 답을 찾아갈 수 있었습니다.

내가 근로자인지 사장인지
헷갈리는 사람들

간접고용 노동자는 용역업체나 대기업에 소속된 협력업체에서 일하는 근로자입니다. SK 브로드밴드나 LG 유플러스 같은 대기업 소속의 인터넷 설치, 수리기사에서 전자제품 수리기사, 용역업체에 소속된 청소 노동자까지 우리 사회에 간접고용의 형태는 정말 많습니다.

> **"분명히 어떤 회사에 소속되어 일을 하고 있기는 한데, 나를 고용한 진짜 고용주가 누구인지 정말 모르겠다. 분명히 대기업 로고가 찍힌 작업복을 입고 있는데 나는 대기업 직원이 아니다."**

이런 애매한 상황 속에 간접고용 노동자가 있습니다.

인터넷 설치, 수리기사의 신분을 보면 간접고용의 애매함을 여실히 알 수 있습니다. 전국에는 SK 브로드밴드 행복센터가 90여 개, LG 유플러스 소속 센터가 70개 있습니다. 대기업의 협력업체, 즉 하청업체인 셈입니다. 이곳에서 일하는 설치, 수리기사는 대기업에 직접고용이 된 노동자가 아니라 이런 하청업체와 계약을 맺은 간접고용 노동자입니다. 하청업체 소속 근로자 가운데서도 수리기사와 설치기사의 신분이 또 다릅니다. 수리기사는 하청업체 소속 정규 직원이지만, 설치기사는 하청업체와 도급 계약을 맺은 자영업자 신분으로 일합니다.

이제 설치기사들은 헷갈립니다. 나는 근로자인가, 사장인가? 일정 부분 출퇴근 시간의 통제를 받고 있고, 상사의 업무 지시를 받고 있다는 점에서 나는 근로자입니다. 반면 고객에게 건당 수수료를 받고 일하고, 이에 따른 수당이 월급의 상당 부분을 차지한다는 점에서 나는 자영업자입니다.

2014년 9월 고용노동부는 이런 설치기사의 사정을 감안하여 이

들 가운데 일부를 근로자로 인정했습니다. 하지만 고용노동부의 기준조차 애매합니다. 어디까지를 근로자로, 어디까지를 사업자로 봐야 할지 그 기준이 들쭉날쭉합니다.

다시
근로기준법을 묻다

신분이 애매하고 고용주가 불분명하면 가장 먼저 위협받는 것은 무엇일까요? 바로 고용의 안정성입니다. 하청업체 소속 근로자들은 하청업체와 해마다 한 번씩 혹은 2년에 한 번씩 재계약을 합니다. 마찬가지로 하청업체도 원사업자인 대기업과 재계약을 합니다. 하청업체는 실적에 따라 재계약 여부가 결정되기 때문에 실적 압박을 받을 수밖에 없고, 이 압박은 고스란히 노동자에게 돌아가는 경우가 많습니다.

9년째 설치기사 일을 해온 박상준(가명) 씨는 이런 압박을 세세하게 설명하며 울분을 참지 못했습니다. 설치기사 대부분이 한 주에 평균 70시간, 많게는 90시간까지 일합니다. 밥 값, 기름 값, 휴대폰 요금, 이런저런 부대 경비를 자신이 부담합니다. 고객 만족도를 묻는 조사에서 전 항목 10점 만점을 받지 못하면 한 건당 적게는 천 원에서 많게는 2천 원까지 차감됩니다. 한 달에 5만 원에서 20만 원까지 월급에서 떼일 수밖에 없습니다. 설치기사는 영업도 합니다. 자신이 영업한 고객이 한 달 이내에 상품을 해지하면 그것도 월급

에서 차감됩니다. 평균 급여를 시급으로 계산해보면 최저임금 수준에도 못 미치는 경우가 많습니다. 근로기준법 위반입니다.

열악한 노동환경은 그나마 견딜 수 있습니다. 하지만 그런 일자리마저 잃는다면 상황은 심각해집니다. 씨앤엠 소속 인터넷 설치기사로 일하던 이진우(가명) 씨는 2014년 8월 1일부터 씨앤엠 본사 앞에서 노숙 농성을 하고 있었습니다. 억울하게 일자리를 잃었기 때문입니다. 같은 일터에서 일하던 동료들이 대거 노조 활동을 시작했습니다. 불합리한 상황을 바꿔보고, 처우도 개선하고 싶었기 때문입니다. 하지만 업체는 2014년 7월 갑자기 문을 닫았습니다. 노조원이 아니던 동료는 다른 하청업체와 재계약됐지만, 노조원은 모두 재계약에 실패했습니다.

이진우 씨를 비롯한 해고된 근로자들은 씨앤엠 본사 앞에 모였습니다. 그러고는 진짜 사장이 나와서 자신들의 문제를 해결해달라고 말했습니다. 하지만 회사 측은 선을 그었습니다. 고용 관계는 그들을 고용한 하청업체와 해결해야 할 문제지, 자신들이 관여할 문제가 아니라는 겁니다. 비가 억수로 쏟아지던 날, 본사 앞에서 천막을 치고 농성을 하는 노조원들을 만나면서 마음이 착잡했습니다. 이분들은 과연 자신의 일터로 돌아갈 수 있을까. 상황은 낙관적이지 않았습니다.

LG 유플러스에서도 똑같은 일이 일어났습니다. 노동자들이 하청업체 폐쇄와 함께 해고됐고, 원사업자는 하청업체 소속 근로자의 일은 자신들의 소관이 아니라고 주장하고 있습니다. 이제 하청업체 사장은 어디로 갔는지 알 수조차 없는데, 원사업자는 해고가 자신들이 상관할 일이 아니라고 말합니다. 이제 이 사람들은 어떻게 해야 하는 걸까요? 누구와 대화해야 하는 걸까요? 평생 직장이라고 생각했던 일자리를 잃었는데, 이제 이 근로자들은 누구에게 자신의 사정을 하소연해야 하는 걸까요? 거리로 나온 해고 기사들은 분통을 터뜨렸습니다.

"일을 시킬 때는 '너희는 우리 직원이다, 우리 근로자다'라고 했었죠. 그런데 이제 우리가 필요 없어져서 해고할 때 되니까 너희는 자영업자니까 퇴직금도 없다, 뭐도 없다, 이렇게 우기는 거죠."

이들의 분노가 이해가 됐습니다.

전국에 있는 SK 브로드밴드 행복센터와 LG 유플러스 고객센터에서는 7,500여 명이 일하고 있습니다. 근로자들은 물론 대기업 소속이 아닙니다. 일부는 하청업체에 소속된 근로자고, 나머지는 하청업체와 계약을 맺은 자영업자 신분입니다. 이런 사정은 다른 업계도 마찬가지입니다. 삼성전자의 경우 전국 180여 개 서비스센터 가운데 직영센터가 7곳에 불과합니다. 기사들은 소속만 하청업체로 되어 있을 뿐 실제로는 대기업의 통제하에 모든 업무를 진행하는 경우가 많습니다. 대기업은 사용자로서의 책임을 지지 않고 노동력을 사용하기 위해서 근로자들과 형식만 도급계약을 맺어놓고, 실질적으로는 자사의 직원인 것처럼 직접 지시하는 형식을 유지하고 있는 것입니다. 이런 간접고용 체제는 노동자들이 인간적인 대우를 받으면서 일하는 환경을 근본적으로 무너뜨립니다.

근로자 지위
확인받기

간접고용 근로자의 실상을 취재하는 과정에서 삼성전자 서비스센터에서 수리기사로 일하다 스스로 세상을 떠난 최정범(가명) 씨의 사연을 접했습니다. 유가족을 만나러 천안행 기차에 몸을 실었습니다.

그의 아내를 만났습니다. 이제 두 돌이 갓 지난 인형처럼 예쁜 딸아이도 만났습니다. 그의 유서에는 삼성에 대한 울분이 가득했습니다.

"남들이 다 인정해주는 회사에 들어왔지만 실상은 아니다. 정말 힘들다. 배고파서 못살겠다."

고인의 아내에게 인터뷰를 요청하는 일은 쉽지 않았습니다. 아직도 충격에서 벗어나지 못한 아내는 인터뷰 내내 목소리가 떨렸습니다.

"이런저런 부대비용을 떼고 나면 남는 게 없었어요. 고객 서비스 점수 받는 과정도 많이 힘겨워했고요. 회사 다니는 내내 정말 스트레스를 많이 받았던 것 같아요."

진심으로 마음이 아팠지만 다른 한편으로는 화가 났습니다. 그 어떤 이유도 죽음을 정당화할 수는 없기 때문입니다. '저렇게 예쁜 딸아이를 두고 그런 일을 하다니, 어떻게 그럴 수가 있을까?' 하지만 다른 한편으로는 한 개인을 극단적인 선택으로 내몰았던 노동 환경에 눈을 돌리지 않을 수 없었습니다. 간접고용 노동자들이 느끼는 분노, 좌절, 박탈감이 얼마나 큰지 알 수 있었습니다.

삼성전자 서비스센터에서 일한 근로자 천여 명은 지금 함께 모여 근로자 지위 확인소송을 진행하고 있습니다. 형식만 도급계약을 맺었을 뿐 삼성이 모든 노동 과정에 직접적으로 개입해왔다는 것을 입증하는 소송입니다. 도급계약은 사용자로서의 책임을 지지 않기 위한 수단일 뿐이므로 삼성이 자신들을 직접 고용하는 것이 바람직하다는 것이 이들의 주장입니다. 삼성의 입장은 다릅니다. 협력업체 직원의 모든 통제권은 하청업체 사장에게 있으므로 자신들은 하청업체 소속 근로자에게 책임을 질 의무가 없다는 것이 삼성의 공식적인 입장입니다.

이런 간접고용 노동자들은 이제 일상적인 근로 계약 형태가 되어 버렸습니다. 대규모 구조조정을 실시한 KT도 마찬가지였습니다. 최근 20년간 몸담았던 회사를 나온 김진석(가명) 씨를 만났습니다. 그는 한숨부터 쉬었습니다. 회사의 일방적인 구조조정, 명예퇴직, 그리고 하청업체 취직의 순서를 밟아온 그는 지금 예전과 같은 일을 하지만 기존의 3분의 1에 불과한 연봉을 받습니다. 그는 여전히 KT

의 지시를 받아 KT 관련 일을 하지만, 신분은 KT가 아니라 하청업체 소속입니다. 해마다 계약을 갱신하는 하청업체 직원이 된 지금, 안정된 고용이나 복지를 기대하기는 어렵습니다.

"꼭 기업이 이렇게 해야만 하는가. 이 방법밖에 없는가?"

그는 수차례 되물었지만 적당한 답을 찾을 수 없었습니다.

사회 구성원이
견딜 수 있는 일자리

고용노동부 조사 결과 간접고용 근로자 수는 87만 명에 달하는 것으로 집계됐습니다. 300인 이상을 고용한 사업장에서는 다섯 명 가운데 한 명을 간접고용 근로자로 사용하고 있는 겁니다. 대기업의 이름을 건 업무 공간에서 일한다 하더라도 대기업이 주는 혜택을 누리기는 어렵습니다.

상당수 기업은 간접고용을 직접고용으로 바꿀 경우 비용이 과도하게 증가할 수 있다고 우려합니다. 하지만 전문가들은 다른 지적을 합니다. 간접고용을 해서 그 관리업체에게 지불하는 비용과 직접고용을 해서 노동자를 관리하는 데 드는 비용이 큰 차이가 없을 것이라고 말입니다.

실상 기업이 간접고용을 택하는 이유는 근로자에 대한 '책임'을 회피하고 싶기 때문이라는 겁니다. 사용자는 근로자가 업무 중에 다쳤을 때 합리적으로 보상해야 하고, 퇴직금도 줘야 하고, 4대 보험도 들어야 합니다. 여러 제반 복지도 신경 써야 하고, 계약 관계에 따라 고용을 한 뒤 특별한 사유가 없는 한 무차별적으로 해고할 수 없으므로 고용의 안정성도 지켜줘야 합니다. 사용자 입장에서는 번거로운 일입니다. 간접고용을 하면 근로자에 대한 이 모든 책임에서 한 발 떨어질 수 있습니다. 이렇게 많은 사람이 간접고용 상태에 있는 데는 그만한 이유가 있었습니다.

그렇다면 이렇게 간접고용이 일상화되고, 나아가 비정규직이 계속 늘어나면 어떻게 될까요? 강성태 한국노동법학회 이사는 이렇게 정리했습니다.

허울뿐인 대기업 근무복

"우리 사회가 악순환의 쳇바퀴를 벗어나기 어려울 것이다."

임금을 적게 받아 의미 있는 세금을 낼 수 있는 사람이 점점 줄어들면 나라는 가난해집니다. 나라 재정이 부족해지면 복지 제도를 확립하는 일은 더 어려워지고, 그러면 가난한 사람은 인간적인 삶을 보장받을 수 없습니다. 가난한 사람이 더 가난해지고, 이로 인해 나라도 더 불안정해지는 악순환의 순환 고리가 단단해질 것이라는 얘깁니다.

'최소한의 기준을 충족하는 양질의 일자리 보장.'

허울뿐인 대기업 근무복을 입은 간접고용 노동자들이 거리로 나선 이유입니다.

아직도 금속노조 삼성전자서비스지회는 지역센터에 소속된 수리 기사도 실고용주는 본사라고 주장하며 근로자 지위 확인 소송을 진행하고 있습니다. 이 소송의 판결은 아직 나지 않았습니다. 삼성, SK, LG, 태광, 씨앤앰 등 재벌 그룹의 간접고용 노동자들은 공동투쟁 본부를 구성하고, 간접고용 노동자의 처우 개선, 고용 안정 등을 지속적으로 요구하고 있습니다. 하지만 재벌 그룹은 여전히 간접고용 노동자는 하청업체 소속이라며 이들의 고용에 대해 자신들이 책임을 질 이유가 없다고 선을 긋고 있습니다.

방송사에서 일하는 저는 이 리포트를 만들면서 우리 일터도 돌아보았습니다. 방송국이야말로 비정규직, 그 가운데서도 간접고용 근로자가 정말 많이 일하는 곳이기 때문입니다. 어떤 형태로든 직접고용이 이상적이라는 것을 알지만 이제까지 해온 관행이기 때문에, 그리고 그것이 근로자를 관리하기 가장 쉬운 형태라는 이유 등으로 방송사도 간접고용을 여러 분야에서 유지하고 있습니다. 누군가는 자영업자의 신분을, 또 다른 누군가는 파견업체 소속 근로자의 신분을 유지하고 있지요. 그 속에서 발생하는 문제는 위에서 언급한 문제와 크게 다르지 않습니다. 여러 열악한 처우를 견디고서라도 계속 일을 하고 싶어 하는 사람도 있지만, 비정규직 법 때문에 2년 동안 일을 하고 나면 두말없이 그만두어야 하는 경우도 많습니다. 정말 안타까운 일입니다.

고용주와 근로자의 관계가 투명해지고, 그 속에서 근로자가 고용의 안정성이 보장된 양질의 일자리를 충분하게 제공받을 수 있는 사회는 언제쯤 가능할까요? 일자리 문제는 우리가 반드시 풀어야 할 숙제입니다.

꿈과 현실 사이 - 사회적기업가

[벽에 부딪힌 사회적기업 2015년 1월 25일 방송]

이윤보다 사람, 사익보다 공익. 기업을 운영하는 사람에게 이런 말을 하는 것은 가능할까요? '인간은 이기적인 동물'이라는 생각이 너무도 당연한 상식으로 받아들여지고 있는 오늘, 또 다른 상식을 꿈꾸는 사람들은 어떻게 살아가고 있을까요? 많은 논란이 있지만 우리나라에서 사회적 경제는 적어도 양적으로는 엄청난 성장세를 보이고 있습니다.

지난 2007년 사회적기업 육성법이 제정된 이후, 현재 고용노동부 인증을 받은 사회적기업만 1,200개를 넘어섰습니다. 마을기업, 협동조합, 자활기업 등 각 부처별로 비슷한 유형의 사회적 경제 조직

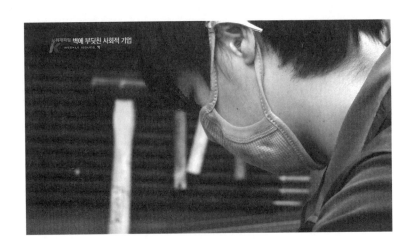

도 계속 늘어나고 있는 추세입니다. 이윤을 내기 위해 직원을 고용하는 것이 아니라, 고용을 유지하기 위해 이윤을 낸다는 사회적기업가. 이 기업가들의 초심은 잘 지켜지고 있는 걸까요? 전국 각지를 수소문해 각자의 분야에서 자리를 잡은 사회적기업을 찾았습니다. 어떤 어려움이 있는지, 어떤 보람을 느끼는지, 앞으로 어떻게 유지해 나갈 것인지 각 기업의 목소리를 들었습니다.

일자리를 제공하기 위해
만들어진 기업

1세대 사회적기업 가운데 안정적으로 흑자를 유지하고 있는 회사를 먼저 만나보았습니다. 경상남도 통영. 이주여성이 함께 모여 누비 가방을 만드는 '민들레누비'라는 업체를 찾아갔습니다. 민들레누비는 지난 2010년 지역 YWCA에서 만든 업체입니다. YWCA 관계자들이 이주여성에게 한국어를 가르치며 이들이 겪는 가장 큰 어려움이 무엇인지 조사해보니, 일자리가 없다는 것을 1순위 고민으로 꼽았다는 겁니다.

한국말도 서툴고, 특별한 기술도 없는 이주여성이 한국에서 제대로 된 일자리를 구하기는 쉽지 않습니다. 그나마 한국에서 활용할 수 있는 기술이 무엇인지 알아보니, 이주여성 상당수가 재봉질을 해본 경험은 있었습니다. 통영에는 예부터 누비 제품이 유명하니 누비를 이용한 가방 공장을 만들어 이들에게 일자리를 제공하자는 생각이 기업의 출발점이었습니다.

창업 초창기부터 이곳에서 일해온 올해 32세의 이미정(가명) 씨를 만났습니다. 베트남에서 한국으로 온 지 벌써 5년째. 아는 사람도

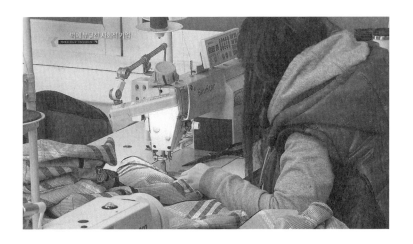

없이 아이를 낳고, 키우고, 갈 곳도 없이 집에만 있었습니다. 그렇게 한국 생활이 한창 힘들 때 일자리를 얻었습니다. 그녀는 서툰 한국 말로 활짝 웃으며 말했습니다.

"더 열심히 하고 싶어요. 그만두고 싶지 않아요."

퇴근하는 그녀를 따라 집으로 가봤습니다. 한국 생활에 적응하는 것이 아직 많이 힘들다는 그녀는 서툰 솜씨로 밥을 하고, 반찬을 만들며 집안 살림을 정돈했습니다. 한국의 모든 것이 낯설었던 그녀가 유일하게 낙으로 삼는 것이 재봉질이었습니다. 아이를 어린이집에 보내고, 일터에 나가고, 다시 아이를 찾아오고. 육아와 경제활동을 함께하는 것이 가능하게끔 일터가 배려해주는 점도 좋다고 말했습니다. 돈을 버는 것만을 목표로 하는 기업이 아닌 만큼 일터 분위기도 좋고, 일터에서 다른 친구들을 만나서 한국 생활의 어려움을 나눌 수 있는 점도 좋다고 말했습니다.

색색으로 빛깔 곱게 걸려 있는 누비 제품을 바라보며 업체 대표는 말했습니다. 자선하는 마음으로 사서 쓰는 제품이 아니라, 정말 품질이 좋아서 다시 찾게 되는 제품을 만들고 싶다고 말입니다. 직원들 월급 제대로 주면서 제품 개발에 투자하는 것이 보통 일은 아니지만, 앞으로 조금씩 나가고 있다며 웃었습니다.

이 기업은
계속될 수 있을까

　　　　　　이 기업은 지난 2011년 예비 사회적기업으로 인증받은 이후, 2015년까지 계속해서 지원을 받아왔습니다. 인증을 받으면 취약 계층 고용 인원에 대해서는 인건비 지원을 받습니다. 예비 사회적기업 2년 동안에는 각각 최저 임금의 100%와 90%, 사회적기업 3년 동안에는 인건비의 90%, 80%, 70%를 지원받습니다. 적지 않은 돈입니다.

　이 기업의 고민은 사회적기업 지원이 끝난 이후 어떻게 기업을 발전시켜 나갈 것인가에 있었습니다. 이주여성을 재봉질만 하는 사람으로 머물게 할 것이 아니라, 가방 디자인과 마케팅에 대한 아이디어까지 낼 수 있는 이 분야 전문가로 성장하도록 도와줘야 사회적기업의 의미가 있는 것 아니겠냐는 겁니다. 단순 노동을 넘어선

전문 인력의 양성. 사회적기업이 단순히 채용 인원만 늘리는 것이 아니라, 앞으로 더욱 탄탄한 기업으로 성장하려면 꼭 필요한 일이 리라는 생각이 들었습니다.

사회적기업이라는 이름을 내려놓은 기업

이렇게 '전문 인력 채용과 소외 계층 고용 창출'이라는 두 마리 토끼 앞에서 고민하다가 결국 사회적기업이라는 이름을 내려놓은 기업도 있었습니다. 지난 2010년 문을 연 저가형 보청기 생산 기업 딜라이트입니다.

기업 창업자는 이제 30세가 된 김정현 씨입니다. 저소득층이 감당하기에는 보청기 가격이 너무 비싼 것을 보고, '돈이 없는 사람도 들을 수 있는 자유를 주고 싶다'는 생각으로 저가형 보청기를 생산하는 기업을 세우기로 결심했습니다. 부품을 직접 수입해와서 자체 제작하는 방식으로 생산원가를 낮추고, 온라인 판매와 직영점 판매를 통해 유통 마진을 획기적으로 줄였습니다. 빈곤층이 청각장애인 판정을 받으면 보청기를 살 때 국민건강보험공단으로부터 최대 34만 원까지 지원받을 수 있다는 것을 감안해 사실상 '공짜'인 34만 원짜리 보청기를 생산했습니다.

과연 저가형 보청기가 시장에서 통할까. 결과는 대성공이었습니다. 창업 3년 만에 매출액 40억 원을 넘어설 정도로 소비자 반응은 뜨거웠습니다. 보청기 제조업계에서 매출액 순위 5위까지 올랐습니다. 하지만 김 대표는 사업을 시작한 지 1년 만에 사회적기업 인증 연장을 포기했습니다. 많은 사람이 이 기업을 사회적기업으로 알고 있고, 기업에 기대하는 점이 사회공헌이라는 것을 알고 있었기에 인증을 포기하는 것은 부담스러운 선택이었습니다. 그럼에도 불구하고 사회적기업 인증 연장을 포기한 이유는 무엇일까요?

가장 큰 문제는 인력 운용에 있었습니다. 보청기를 만들 수 있는 사람은 숙련된 전문 인력인데, 저소득층을 전체 인원의 3분의 1 이상 고용해야 한다는 사회적기업 인증 요건을 맞추는 일이 말처럼 쉽지 않았기 때문입니다. 인증 요건을 맞추려다 보면 기업 운영 자체가 어려워지는 곤란에 빠진 겁니다. 결국 딜라이트는 사회적기업이라는 이름과 이에 따른 정부 지원을 포기하고 홀로 서는 방법을 택했습니다. 그리고 몇 년 뒤 경영권을 대형 제약회사로 넘겼습니다. 당시 김 대표는 사회적기업의 틀을 유지하면서도 지속적으로 투자해줄 회사를 찾았지만, 그런 회사를 찾는 것은 사실상 불가능했습니다. 현재 경영을 맡은 회사도 여러 사회공헌 활동에 적극적으로 나서고는 있지만, 딜라이트가 사회적기업 범주 안에 계속 있었더라면 더 나은 활동을 많이 할 수 있지 않았을까 하는 아쉬움 섞인 목소리도 나옵니다.

사회적기업은 비영리를 목적으로 하기 때문에 이윤 배당이 제한적입니다. 일반 기업과 다르게 투자자 모집이 어려울 수밖에 없습

니다. 그렇기 때문에 오랫동안 사회적기업에 투자하고 기업의 성장을 지켜봐줄 수 있는 이른바 '인내하는 사회적 자본'이 만들어져야 사회적기업이 제대로 성장할 수 있습니다. 막 시작하는 사회적기업, 자생력이 부족한 기업을 지속적으로 보살피고 투자해줄 사회적 자본이 잘 갖춰져 있었더라면 어땠을까요? 인증 연장을 반납하거나 포기한 것으로 집계된 68개의 사회적기업 숫자도 훨씬 줄어들었을 것입니다.

사회적기업이라는 이름의
굴레

사회적기업이 부딪히는 어려움은 또 있습니다. 사회적기업 제품이라고 하면 일단 색안경을 끼고 보는 경우가 많다는 겁니다. 폐현수막이나 페트병 등 재활용품을 모아 담요나

가방, 생활 소품 등 쓸모 있는 물건으로 재생산하는 '터치포굿'이라는 사회적기업을 만났습니다.

김미현 대표는 말합니다.

"사회적기업 제품이라서 더 많이 사주는 것은 기대하지 않았다. 하지만 그것이 오히려 시장에서 해가 될 줄은 몰랐다."

공익적인 목적을 가지고 선한 마음으로 소비를 하는 것까지는 바라지 않았지만, 사회적기업 제품이라고 하면 오히려 소비자들이 색안경을 끼고 대할 줄은 몰랐다는 겁니다. 장애인이나 저소득층이 만들었으니 품질도 좋지 않고, 깨끗하지도 않을 것 같다는 식의 편견을 마주하게 될 때 많이 속상하다고 말했습니다. 소비자뿐만 아니라, 같이 일하는 사람도 사회적기업에 대한 선입견을 갖는 경우가 많습니다. '좋은 일 하는 기업이니 일이 좀 한가하겠지, 혹은 매일 웃으면서 행복하게 일할 수 있겠지'라는 생각을 가지고 오는 사람이 많다는 겁니다.

김 대표는 말했습니다. 사회적기업은 한가하지 않다고 말입니다. 공익을 추구하면서도 이윤까지 내야 하는 기업이기 때문에 오히려 더 어렵고, 힘든 점이 많다는 겁니다. 사회적기업이 넘어서야 할 과제는 참 많았습니다.

지원
그 이후

　　　　　　　이렇게 정부 지원의 테두리 속에 있다가 지원이 끝난 기업은 어떻게 운영되고 있을까요? 잘 운영되고 있을까요? 1세대 사회적기업으로 업체를 운영하다가 지난해 사회적기업 지원이 끝난 한 기업을 찾았습니다.

　재활용 토너 카트리지 제조 기업 심원테크였습니다. 19명의 직원 가운데 12명이 장애를 가진 직원이었습니다. 잘 들리지 않아 수화로 대화해야 하는 직원에서 몸이 불편해 휠체어를 계속 사용해야 하는 직원까지 이런저런 불편함이 있어 보였지만, 직원들 모두 작업에 열중하고 있었습니다. 이 업계에서는 매출액 상위권을 놓치지 않고 있다는 김준호 대표는 '사회적기업 그 이후도 정말 쉽지 않았다'고 말했습니다. 애초 문을 열 때부터 취업이 어려운 장애인을 위한 기업을 하겠다고 마음먹은 터였습니다. 군대에서 오랜 시간 근무하면서 컴퓨터 부품 관련업체를 창업해야겠다고 계획하고 있었고, 기업을 세운다면 내 지갑만 채우는 것이 아닌 사회에 보탬이 되는 회사를 만들어야겠다고 여러 번 다짐했습니다. 그래서 장애인을 고용했습니다.

　기업의 모든 요건은 사회적기업 인증 요건에 맞아떨어졌습니다. 어렵지 않게 인증을 받고 지원도 받았습니다. 그렇게 흘러간 5년. 이제 장애인에 대한 인건비 부담이 고스란히 업체의 몫으로 돌아

김준호 심원테크 대표
고용된 인원들에 대해서 지속적으로 고용을 담보할 수 있는
그런 능력들이 점점 부담이 커지는 거죠.

왔습니다. 초심을 잃지 않으면서도 기업을 유지하고 발전시키기 위해서는 사활을 건 노력이 필요했다는 것이 김 대표의 설명이었습니다.

사회적기업으로 지원을 받는 5년 동안 기업 스스로 내실을 갖추지 않으면, 사회에 득이 되는 기업을 하겠다던 본래의 목표를 유지하기가 정말 어렵다는 겁니다. 정부가 제공하는 인건비 지원에만 만족하지 말고 연구 개발, 판로 개척 등 다각적인 방면에서 내실을 갖춰야 사회적기업 지원, 그 이후의 미래도 헤쳐 나갈 수 있다고 강조했습니다.

인간은
이타적이다?

취재를 하면서 만난 사회적기업 전문가는 이런 얘기를 했습니다.

'인간은 이기적인 동물이라는 말이 왜 정답이냐. 아닐 수도 있다. 인간은 협동하는 동물, 이타적인 동물일 가능성도 있다.'

상대를 믿고 서로 협동해야만 더 나은 결과를 얻을 수 있는 새로운 경제학의 개념도 자세히 설명해줬습니다. 인간은 이타적일 수도 있다는 믿음, 공익을 위한다는 기본 목표가 흔들리지 않으면서도 기업을 유지하는 것이 가능하다는 희망. 사회적기업가를 만나면서 이 희망이 헛된 것은 아니라는 생각이 들었습니다. 사회적기업이 넘어야 할 벽은 정말 많습니다. 하지만 희망의 끈을 놓지 않고 정부와 기업 모두 한 걸음씩 걸어간다면, 사회적기업이 우리 사회에서 해낼 역할은 더 크다는 확신이 들었습니다.

뉴스를 만들다 보면 화면 속에 담긴 취재원의 모습을 몇 번이고 다시 모니터해야 할 때가 많습니다. 어떤 분은 화면 속에서 활짝 웃고 있고, 어떤 분은 울고 있기도 하고, 누군가는 기뻐하고 있고, 누군가는 화를 내고 있기도 하지요. 이런 인생의 희로애락을 화면 저편에서 접하다 보면, 각 사람들의 마음이 얼굴 표정 밖으로 나오는 그 과정이 참 신기하게 느껴지기도 합니다. 간혹 시선을 떼기 어려울 만큼 환한 미소를 발견하게 될 때는 많이 반갑기도 하고요.

심원테크에서 일하던 한 청각 장애인 분의 미소가 그랬습니다. 작업장에 등장한 취재진이 낯설었는지 자꾸만 카메라를 피하려고만 하다가 결국엔 저희와 인터뷰까지 했습니다. '일을 할 수 있으니 좋다. 행복하다.' 이렇게 수화로 인터뷰를 했습니다. 그리고 환하게 웃었습니다. 그 웃음이 잘 잊히지 않았습니다. 들리지 않는 그분이 일터를 구하기까지 얼마나 많은 어려움을 겪어야 했을까. 그 웃음 너머로 그분의 마음고생을 읽어보았습니다. 사회적기업, 사회적 자본의 존재 이유가 저런 분들 때문이라는 생각이 들었습니다.

이 리포트가 방송된 이후 몇몇 사회적기업가가 '고맙다'는 인사

메일을 보내주셨습니다. 그분들은 사회적기업가가 어떤 어려움을 겪고 있는지, 그리고 어떻게 앞으로 나아가야 할지 함께 고민해줘서 고맙다고 했습니다. 취재를 하는 내내 사회적기업을 응원하는 마음이 들었습니다. 돈을 벌어 내 지갑에 넣으려는 마음이 아니라, 적정한 이윤을 남긴 이후에는 그것을 노동자에게로, 그리고 사회로 환원하려는 시도 자체가 소중하다고 믿었기 때문입니다. 지원을 받은 기업가들이 지원금을 허투루 쓰지 않고 더 나은 사업을 통해 사회로 돌려줄 수 있도록 우리나라 사회적기업이 더 단단해졌으면 좋겠습니다.

지원이 끝난 그 이후를 준비하는 사회적기업을 응원합니다. 제가 방송에서 소개한 민들레누비, 심원테크, 딜라이트 등은 모두 안정적으로 잘 운영되고 있습니다. 감사한 일입니다.

머나먼 '내 집' 마련의 꿈

누구에게나 내 집 마련은 인생에 있어 가장 중요한 '화두' 가운데 하나입니다. 내 집. 누구도 나가라고 하지 않고, 마음대로 고치고 살아도 뭐라 하지 않는 나의 집. 그런 내 집을 가지는 것. 하지만 대한민국에서, 특히 서울을 비롯한 대도시에서 내 집을 갖는다는 것은 녹록치 않은 일입니다. 물가 상승률보다 배 가까이 빠르게 오르는 부동산 가격을 감당하려면 더 허리띠를 졸라매야 하기 때문이죠.

특히 우리의 공공임대주택 비율은 전체의 5.8% 수준에 그쳐 OECD 평균인 8%, 유럽연합 평균인 9.4%에 비하면 훨씬 낮습니다. 저금리 기조, 부동산 경기 부양을 목표로 삼는 정책 방향이 계속되면서 부동산 투자 불패는 어느 순간부터 국민의 신념이 되어 버린 듯합니다.

집 사는 것을 미루거나 부동산 투자 시기를 놓친 사람은 무조건 손해를 보는 경우가 계속되다 보니 '일단 사고 보자, 투자하고 보자'를 외치는 사람이 많아지는 것이 어쩌면 당연한 일이겠지요. 내 집을 갖고 싶은 서민의 간절한 바람, 부동산 불패 신화를 부추기는 정부의 정책 기조가 어우러져 여러 문제가 생기고 있습니다. 저렴하게 내 집을 마련해주겠다며 투자자를 끌어모으고 있는 많은 사업이 실제로는 사기로 드러나는 경우가 많습니다. 그리고 '확정 수익'

을 보장해주겠다며 시민을 현혹했다가 건물을 분양한 뒤에는 말을 바꾸는 시행사도 많습니다.

서민을 위한 공공주택 정책은 시행 단계에서 표류하거나 그 숫자가 수요에 비해 턱없이 부족한 경우가 비일비재합니다. 어디서부터 잘못된 것일까요? 취재 과정에서 내 집 마련을 꿈꾸는 이웃을 많이 만났습니다. 하나 같이 이렇게 물었습니다.

"나는 정말 열심히 성실하게 살았는데, 모으고 모아도 이렇게 내 집 한 칸 마련하는 게 어려울 줄은 몰랐다."

무엇이 어디서부터 잘못된 것인지 답을 찾기가 정말 어려웠습니다.

06

내 집 가지려다
전 재산을 날리기도 - 집 없는 사람의 애환

[한 지역 두 아파트 분양 2015년 4월 26일 방송]

"내 집 한 칸 마련하는 게 이렇게 힘든 겁니까? 왜 나한테 이런 일이 생기는 겁니까?"

부산에서 만난 금정주 씨는(가명) 저를 붙잡고 호소했습니다. 그는 결혼한 지 20년이 됐지만 아직 '내 집'이 없습니다. 조금이라도 저렴한 가격에, 살기 좋은 동네에 가족과 함께 노후를 꾸려갈 집을 마련하고 싶었다고 했습니다.

부산 지역의 일반적인 아파트 평당 분양가는 평균 1,000여만 원. 그런데 평당 분양가가 700만 원인 지역주택조합 아파트를 발견했습니다. 조합 업무 대행비와 계약금을 내고 조합원으로 가입하면 시중 분양가보다 훨씬 저렴한 가격에 아파트를 분양받을 수 있다는 사실을 알았습니다.

그는 신중한 성격으로, 이리저리 꼼꼼하게 따져봤습니다. 이 조합이 정식 인가를 받은 조합인지부터 살펴봤습니다. 아파트 홍보관이 지어져 있고 모델하우스도 있기는 했지만, 아직 정식 인가를 받은 조합은 아니었습니다. 조합이 인가를 받지 못하면 사업 자체가 안 될 가능성도 있으니 조심해야겠다는 생각이 들었습니다. 조합 설립 인가를 받으려면 분양 예정 세대수의 절반이 넘는 조합원을 모집해야 하고, 토지 소유주 80% 이상의 동의도 받아야 합니다.

그는 몇 개월을 기다리며 이 조합의 사업 추진 실현 가능성을 살폈습니다. 몇 달 뒤 해당 조합은 전체 예정 세대수의 절반이 넘는

500여 명의 조합원을 모집했습니다. 그는 안심하고 조합에 가입했습니다. 내 집을 갖게 될 것이라는 꿈을 가지고 말입니다.

내가 분양받은 아파트가 들어설 땅에 또 다른 아파트가 분양되고 있다?

하지만 금씨의 꿈은 얼마 지나지 않아 물거품이 됐습니다. 그가 가입한 지역주택조합이 지자체로부터 승인이 반려되었기 때문입니다. 지자체는 해당 건물의 층수가 제한 기준을 넘었고, 토지 소유주 동의 비율이 기준에 미치지 못한다는 이유로 조합 승인을 반려했습니다. 조합원들은 결과를 받아들일 수 없었습니다.

이보다 더 기가 막힌 사실은 또 벌어졌습니다. 지역주택조합 아파트를 분양하던 바로 그곳에 또 다른 지역주택조합이 아파트를 분양한다며 홍보관을 건설하고 조합원 모집에 들어갔기 때문입니다. 한 지역을 대상으로 두 개의 지역주택조합이 사업을 추진하고 있는 상황에 조합원들은 경악했습니다. 지자체를 상대로 이게 무슨 일이냐며 격렬하게 항의했습니다.

지자체는 '법적으로는 아무 문제가 없다'는 입장입니다. 아파트 홍보관은 가설 건축물에 들어가기 때문에 허가 사항이 아니라 신고 사항인 만큼 요건을 맞춰 오면 지자체는 건축 허가를 내줘야 한다는 겁니다. 게다가 지역주택조합이라는 것이, 추진위원회 단계에

서는 법적인 규제를 할 수 있는 대상이 아니며, 두 개의 지역주택조합 대행업체가 한 지역을 두고 조합원을 모집한다고 해서 조합 추진위원회의 활동을 막을 수 없다고 했습니다.

조합원은 지자체가 두 개의 조합이 한 지역을 대상으로 조합원 모집 경쟁을 벌이는 상황을 방관했다고 분노를 금치 못하고, 지자체는 이런 주민의 반응에 '법이 그러니 어쩔 수 없다'고 말하는 상황이 일어났습니다.

**주택 공동구매
제도의 허점**

지역주택조합은 주민이 조합을 만들어 땅을 사고, 시공사를 선정해 집을 짓는 일종의 주택 공동구매 제도입니다. 1980년대 전국 각지에서 활발하게 사업이 진행된 뒤 잠시 주춤했습니다. 그러다 최근에는 재개발, 재건축 정비 구역으로 지정됐다가 경기 침체로 사업이 지지부진해 개발 계획이 해제된 지역을 중심으로 지역주택조합이 대안으로 떠올라 다시 성행하고 있습니다. 지난 7년 동안 정부로부터 지역주택조합 설립 인가를 받은 조합은 120여 개인 것으로 집계됐습니다. 전국에 아파트 58,000채를 건설하는 규모입니다. 지역주택조합을 이용해 집을 마련하려는 서민은 계속 늘고 있는 겁니다.

하지만 전문가들은 주택법에 나와 있는 지역주택조합 관련 규정이 여러모로 문제가 많다고 지적했습니다.

첫째, 지역주택조합 설립 전 단계에서 업무 대행을 맡고 있는 업체가 있는데 그 업체의 자격 요건을 규제할 수 있는 방안이 마땅치 않아서 함량 미달의 업체가 난립할 수 있는 문제가 있습니다. 검증받지 않은 업체가 난립하고, 이들이 과장된 광고로 조합원을 모집한다 해도 이것을 규제할 방안이 없으니 피해자가 늘 수밖에 없습니다.

둘째, 조합설립추진위원회 단계에서 사업이 잘못됐을 경우 조합원을 보호할 수 있는 방안이 마땅치 않습니다. 지역주택조합은 인가를 받은 이후에야 법의 규제를 받습니다. 그렇기 때문에 설립추진위원회 단계에서 일어나는 수많은 문제에 대해서는 아무런 규제가 시행되지 않습니다.

셋째, 조합 설립 이후 시공자의 사유로 사업이 중단됐을 경우, 조합원에게 배상의 책임이 있다고 되어 있지만 '시공자 귀책사유'가 매우 애매하게 규정되어 있습니다. 사업이 중단되거나 중간에 실패할 경우 누구도 책임지지 않고, 계약금과 조합원비를 내고 가입한 시민만 피해를 보는 경우가 종종 생기는 것도 이런 이유 때문입니다. 지역주택조합을 둘러싼 이런 제도적인 허점은 곳곳에서 문제가 되고 있었습니다.

미뤄지는 공사, 멀어지는
내 집 마련의 꿈

20개월 된 아기, 아내와 함께 단란한 가정을 꾸리고 있는 이수한 씨를 만났습니다. 갈수록 오르는 전세금을 마련하기가 어려워 그는 2014년 8월 김포 00지구에 지역주택조합원으로 가입했습니다. 이미 조합으로 승인받은 지역주택조합에 가입했기에 별다른 걱정을 하지 않았습니다. 하지만 조합이 설립 인가를 받고 시공사를 선정한 뒤에 문제가 생겼습니다. 해당 시공사가 아직 토지 소유권에 대한 문제가 해결되지 않았다며 사업 시행에 난색을 표했기 때문입니다.

김포 00지구는 공매로 나온 땅이었습니다. 조합원이 땅의 소유권을 갖기 위해 노력했지만 이 노력은 실패했습니다. 마지막 단계에서 입찰에 참여한 현재의 시공사가 최종적으로 땅의 소유권을 확보했기 때문입니다. 조합원은 다소 실망했지만, 그래도 시공사가 선정됐으니 바로 공사가 진행될 것이라는 꿈에 부풀었습니다.

하지만 시공사의 입장은 달랐습니다. 땅 소유권의 일부를 가지고 있는 도시개발조합과의 협의가 마무리되지 않았으니, 당장 공사를 시작하기에는 무리라는 입장을 고수하며 공사 일정을 미뤘습니다. 조합원은 술렁이기 시작했습니다. 조합원들은 시공사가 지역주택조합 아파트로 분양하는 것이 수익성이 떨어진다고 판단하고, 민간 분양으로 전환하기 위해 꼼수를 쓰고 있다고 격하게 반발했습니다.

당초 공사 예정일보다 4개월이나 지났지만, 김포 00지구는 계속 미뤄지고 있습니다. 공사가 미뤄지니 조합원은 애가 탑니다. 이씨는 올해 초 아파트 분양 예정 일정에 맞춰 전셋집을 구했습니다. 사업

이 더 미뤄지면 한 번 더 세를 들어 살 집을 구해야 합니다. 그렇다고 조합에서 탈퇴할 수도 없습니다. 조합에서 탈퇴하면 조합 업무 대행비 명목으로 낸 수백여만 원을 고스란히 내놓아야 합니다. 그는 말합니다.

"내 집을 마련하는 길이 이렇게 험할 줄 몰랐다."

이주하려고 하니
추가 분담금

지역주택조합을 둘러싼 소소한 분쟁은 끊이지 않습니다. 군산에서 만난 이정범(가명) 씨는 지역주택조합 아파트를 분양받은 뒤 3천여만 원의 추가 분담금을 내고서야 입주할 수 있었습니다. 시공사가 이런저런 부대비용 명목으로 추가 비용을 요구할 때마다 대출을 받아야 했습니다. 그의 아내 고상미(가명) 씨는 '이것저것 다 따지고 보니 일반분양 아파트에 비해 크게 저렴하지도 않다'고 푸념했습니다. 지역주택조합 아파트의 또 다른 아쉬운 점입니다.

그렇다면 어떻게 해야 '저렴한 가격에 내 집 한 칸 마련해보려는' 서민의 꿈을 조금이나마 지켜줄 수 있을까요?

지역주택조합 설립추진위원회 단계에서 규제를 해야 한다는 주장에 대해 국토해양부는 난색을 표합니다. 주민이 자발적으로 움직여 사업을 추진해 주택을 공동구매하는 것이 지역주택조합의 취지인데, 설립 추진 단계에서 규제를 강화하면 주택조합의 본래 취지를 훼손시킬 수 있다는 겁니다. 하지만 그런 측면을 고려한다 하더라도, 주택법에는 개선해야 할 점이 많다는 것이 전문가들의 지적입니다. 지금과 같은 형태라면 사업 추진 단계에서 사업이 어그러질 경우 조합에 가입한 서민만 고스란히 피해를 봐야 하기 때문입니다. 추진위원회를 어떤 식으로 만들어야 하는지, 관할 구청이라든가 시청에 어떤 식으로 등록해야 하는지 조합 승인 이전 단계에서 적절한 가이드라인이 있어야 선의의 피해자가 발생하는 것을 줄일수 있다는 겁니다.

부산에서 만난 금정주 씨는 이렇게 말했습니다.

"100퍼센트 성공을 보장하기 때문에 사업을 시작합니까? 인간이 누가 그렇습니까? 리스크가 있어도 일단 싸니까 어느 정도 위험성은 감수했고. 정부에서 법을 만들어놓았으니 최소한의 안전장치는 있을 것으로 믿었습니다. 이렇게 속을 것이라고는 상상도 못했죠.**"**

그의 토로가 지역주택조합에 가입했다가 손해를 입은 많은 서민의 마음을 대변했습니다. '취지는 좋으나 시행 과정상에 너무 많은 허점이 있다'는 전문가들의 일리 있는 지적이 지역주택조합을 한 단계 더 나은 사업으로 성장시킬 수 있을까요? 내 집 마련을 향한 서민의 꿈이 더 나은 제도 안에서 잘 지켜졌으면 좋겠습니다.

지역주택조합을 취재하는 과정은 무척 힘들었습니다. 당초 취재에 들어간 계기는 서울에 있는 한 지역주택조합이 토지 소유권을 두고 분쟁이 일어나 사업이 불투명해질 수도 있다는 제보를 받았기 때문이었습니다. 지역주택조합 사업이 확정됐으니 안심하라는 쪽과 이 조합은 토지 소유권을 확보할 수 없으니 조심하라는 쪽이 동시에 시위를 하고 있었는데, 그곳에 취재진이 나타났으니 불에 기름을 부은 격이 되었습니다.

양쪽 모두 서로의 입장을 취재진에게 설명하려 애썼습니다. 그 과정에서 지역주택조합 사업이 잘 추진되기를 '열망하는' 재개발 지역주민들은 행여나 기사가 자신들에게 불리하게 나갈까봐 예민했습니다. 취재가 시작되고 방송이 되기까지 수십 명의 조합원이 밤과 낮을 가리지 않고 협박성 문자를 보내왔습니다. 뉴스가 나가서 행여 자신들 사업에 차질이 생기면 가만두지 않겠다는 내용이었습니다. 그 문자들에 노이로제가 걸릴 지경이었지만, 나중에는 '서울 하늘 아래 내 집 한 칸 갖고 싶다는 마음이 얼마나 컸기에 이러실까' 조금 안타까운 마음마저 들었습니다. 방송 이후에는 실제로 아무도 제게 항의하지 않았습니다.

 제가 취재했던 부산의 지역주택조합 아파트는 결국 얼마 지나지 않아 사업 자체가 무산됐습니다. 피해는 천여 명에 이르는 예비 조합원에게로 고스란히 돌아갔습니다. 조합원들은 수천여만 원에 달하는 계약금을 앉은자리에서 날렸고, 어디에서도 보상받을 수 없었습니다. 당사자 간 다툼이 끊이지 않는 이런 지역주택조합의 피해를 해결하기 위해 해당 지자체가 직접 나서기는 했지만, 아직까지 확실한 해결책은 내놓지 못하고 있습니다. 다만 조합에 가입하려는 사람들을 대상으로 조심하라는 권고만 하고 있을 뿐입니다.

07

서민을 위한
주거 정책의 그림자 - 행복주택 사업의 진실

[진짜 '행복주택' 맞습니까? 2015년 2월 8일 방송]

신혼부부를 만났습니다. 결혼 4년차. 세 살, 한 살짜리 아기가 두 명. 남편은 택배 일, 아내는 어린이집 보육 도우미로 일합니다. 부부는 부모의 도움 없이 처음부터 스스로 시작했습니다. 보증금 2천만 원에 월세 40만 원, 방 두 칸짜리 낡은 신혼집에서 첫 아기와 함께 세 식구가 살았습니다. 2014년 계약 기간이 끝난 뒤 전세를 알아보러 나섰습니다. 자금에 맞는 집이 없었습니다. 월세는 더욱 감당하기 힘들 정도로 올라 있었습니다.

정부가 제공하는 임대주택을 알아봤더니 경쟁률이 어마어마합니다. 보증금이 1억이 넘는 임대주택도 허다합니다. 그나마도 다 외곽에 있습니다. 부부는 선택지가 없었습니다. 부동산에서 '차라리 대출을 끼고 집을 사라'고 권했습니다.

결국 부부는 서울 외곽에 있는 1억 6천만 원 하는 빌라를 사기로 맘먹었습니다. 집값의 절반 넘게 빚을 내야 했지만 도저히 다른 방법을 찾을 수 없었습니다. 그렇게 부부는 겨우 보금자리를 마련했습니다. 이자 때문에 생활은 더 빡빡해졌지만 어쩔 수 없는 선택이었다고 믿습니다. '정부가 말하는 정책이요? 잘 안 믿어요.' 이게 부부의 결론이었습니다. 아주 평범한 우리 주변에서 흔히 볼 수 있는 소시민의 '집 구하기 전쟁'의 일면입니다.

살 집이
없다

수도권 아파트 매매가와 전세가가 연일 오르고 있습니다. 집 없는 서민의 고민은 깊어만 갑니다. 우리나라 주택 평균 가격은 2억 3천여만 원. 우리나라에서 평균적인 소득 수준을 유지하고 있는 2030세대가 집을 사려면, 8년 동안 한 푼도 쓰지 않고 저축만 해야 한다는 계산이 나옵니다. 이렇게 집 값이 비싸니 집 없는 사람이 많고, 집 때문에 진 빚으로 고통받는 사람이 많은 것은 어쩌면 당연한 일인지도 모릅니다.

하지만 모순이 있습니다. 우리나라 주택 보급률이 103%에 달한

다는 점입니다. 이미 국민 모두가 살 수 있는 집은 지어져 있다는 이야기입니다. 그렇다면 집 없는 서민이 많은 이유는 무엇일까요? 집을 여러 채 가진 사람이 너무 많거나, 서민이 살 만한 집은 지어 지지 않고 있다는 말이 아닐까요? 정부는 서민의 주거 안정을 위해 도대체 무엇을 하고 있는 걸까요?

박근혜 정부가 내놓은 서민 주거 안정책 가운데 대표적인 사업이 바로 '행복주택'입니다. 철도 부지나 유수지 등 도심의 노는 땅을 활용해 집을 지어 사회 초년생이나 신혼부부에게 5평에서 10평 규 모의 소규모 임대주택을 공급하겠다는 겁니다. 이제까지의 임대주 택이 도심에서 먼 지역에 있었던 것과 달리, 전철역 주변 땅이나 도 심 안 유수지를 이용해 집을 지어 저렴한 가격에 공급하면 서민도 얼마든지 도심에서 살 수 있다고 대대적으로 홍보했습니다. 도심의 노는 땅을 이용하면 땅값을 절약할 수 있으니, 그만큼 임대료도 낮출 수 있을 것이라는 겁니다.

땅값만 싸다고 끝인가요?
시범지구의 딜레마

지난 2013년 국토교통부는 모두 7군데의 행복주택 시범지구를 선정했습니다. 서울 목동, 공릉, 가좌, 송파, 잠실, 오류, 경기도 안산까지 만여 호의 행복주택을 짓기로 했습니다. 하지만 이 사업은 곧 격렬한 반대에 부딪혔습니다.

시범지구 선정 과정의 첫 번째 문제는 주민과의 소통이 부족했다는 점입니다. 공릉동 시범 부지는 옛 경춘선 폐선 땅이었습니다. 이 지역은 원래 공원이 만들어지기로 예정되어 있었습니다. 하지만

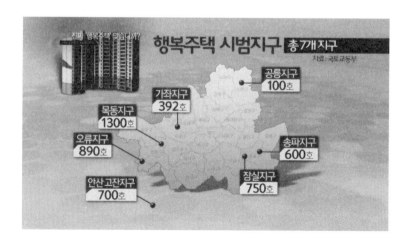

정권이 교체되고, 정책이 바뀌면서 공원 예정지는 행복주택 예정지가 되었습니다. 공릉동에서 만난 주민은 답답함을 호소했습니다.

"지난 십여 년을 기차 소음에 시달리며 살아왔어요. 이제야 공원이 만들어져서 불편함을 보상받나 했더니, 또 정책을 손바닥 뒤집듯 바꾸다니요. 너무한 거 아닙니까."

주민들도 행복주택의 취지에는 공감하고 있었습니다. 젊은 세대를 위한 임대주택이 많이 지어져야 없는 사람도 살 수 있지 않겠느냐는 말에는 누구나 고개를 끄덕였습니다. 하지만 공릉동 지역은 변변한 공원이나 주민 편의시설 없이 개발이나 문화 혜택에서 철저히 소외되어 왔다며 답답한 마음을 토로했습니다. 국토교통부는 어떻게 이런 중요한 결정을 주민과 상의도 없이 할 수 있느냐며 정책 추진 과정에 불만을 표시했습니다. 이 지역은 국토교통부를 상대로 소송을 제기했고 분쟁은 계속됐습니다. 결국 이 지역은 행복주택 규모를 당초 예정했던 200가구에서 100가구로 줄이는 것으로 합의가 이뤄졌습니다. 하지만 여전히 주민은 격렬하게 반대하고 있습니다.

두 번째 문제는 건설 부지의 적합성이나 공사비용의 규모가 사전에 정밀하게 검토되지 못했다는 점입니다. 목동지구를 찾았습니다.

주민들은 유수지 복개 공사를 해서 공영주차장으로 사용하고 있는 땅을 어떻게 아파트 부지로 이용할 수 있을 것인지 의문을 제기했습니다. 유수지를 매립해 공사를 하면, 인근 지역에 홍수가 날 가능성이 높다는 문제 제기를 하고 나선 겁니다. 국토교통부를 상대로 주민과 함께 지구 지정 취소 소송을 진행하고 있는 양천구청장은 이렇게 말했습니다.

"국토교통부가 한 번이라도 이곳에 와서 실사를 한 뒤에 행복주택 부지를 선정했는지 의심스럽다."

구청은 유수지 위에 공사를 진행할 경우 평당 3천여만 원의 공사비가 들 것으로 보고 있었습니다. 정부가 당초 예측한 금액과는 배이상 차이가 납니다. 결국 목동지구는 행복주택 시범지구 선정이 취소됐습니다. 유수지 부지를 이용한 잠실과 송파도 일단 공사를 중단한 상태였습니다. 전문가들은 사전에 부지가 기술적으로나 환경적으로 타당한지 조금만 면밀하게 실사를 거치고 주민과의 단계적인 소통 과정을 거쳤더라면 지금과 같은 잡음은 덜했을 것이라고 입을 모았습니다.

세 번째 문제는 철도 부지를 이용해 건물을 짓는다는 개념 자체가 여러 제약이 많다는 점입니다. 시범지구로 선정된 7곳 가운데 철도 부지를 이용해 집을 짓고 있는 가좌지구를 찾아가 봤습니다.

원래는 철로 위에 인공 데크를 설치하고 그 위에 건물을 올릴 계획이었지만, 이 계획은 2014년 10월 현실성이 떨어진다는 이유로 바뀌었습니다. 철로 '위에' 짓는 대신 철로 바로 '옆' 부지를 이용해 집을 짓기로 한 겁니다. 이곳에 사람이 살 수 있으려면 소음이나 먼지를 막을 수 있는 장치가 반드시 필요하고, 거주자가 반대편 길가로 편리하게 넘어갈 수 있게 '인공 데크'도 설치해야 합니다. 이런 시설을 다 설치해가며 공사를 하다 보면 공사비는 올라갈 수밖에 없습니다. 땅값이 저렴한 만큼 공사비가 비싼 겁니다. 자연스레 임대료가 올라갈 수밖에 없습니다.

실제 올해 행복주택 가좌지구 분양가가 공개된 이후, 정부가 분양하는 임대주택임에도 인근 주택에 견주어볼 때 가격적인 혜택이 크지 않다는 지적이 나왔습니다. 기차 건널목 소음 등 하루 종일

소음과 먼지가 발생하는 이 지역에서 과연 입주자가 잘 지낼 수 있을지 계속 의문이 제기되고 있습니다.

권영순 대한시설물유지관리협회 기술위원장은 지적했습니다.

"짓고 난 뒤가 더 문제다."

건물이라는 것은 살아 있는 유기체와 같아서 지어놓는다고 끝이 아니고, 그 이후의 유지 관리가 중요하다고 말입니다. 철도 옆에 건물을 지어놓고 쓸모 있는 건물로 만들려면, 끊임없이 유지 보수를 해주어야 하는데 그 비용도 만만치 않을 것이라는 겁니다.

착공 지구는
여전히 협의 중

　　　　　　7곳의 시범지구 가운데 여섯 곳을 둘러보고 난 뒤 오류지구를 찾았습니다.(제가 방문한 시점은 방송을 한창 준비하고 있던 2015년 2월이었습니다.) '공사 진행 중'이라고 발표한 예정지는 오류지구와 가좌지구 두 곳뿐이니 다섯 곳에서는 예정 부지만 촬영하고, 두 곳에서 공사 진척 정도를 촬영하면 되겠다는 계획을 세웠습니다. 하지만 오류지구 어디에서도 공사 진행 모습을 볼 수 없었습니다.

　정부는 지난 2014년 11월 오류지구가 착공에 들어갔다고 발표했습니다. 하지만 현장에는 덩그러니 빈 컨테이너 건물만 놓여 있을 뿐 공사는 진행되지 않고 있었습니다. 현장 관계자는 말했습니다.

　"나는 3일 전에 와서 아무것도 모른다. 모든 상황은 LH(한국토지주택공사)에 물어봐라."

　LH는, 오류지구는 철도공사 부지여서 철도공사와 협의하는 데 시간이 좀 더 필요하다고 답했습니다. 그리고 착공이라는 표현은 시공사가 선정된 시점을 말하는 것이지, 공사에 들어갔음을 의미하는 것이 아닌 만큼 거짓 보도자료를 낸 것도 아니라고 말했습니다. 건설 전문가들 상당수는 이 말에 고개를 갸웃거렸습니다.

　"일반적으로 착공이라는 말은 당연히 공사를 시작했음을 의미하는 것이다. 공사 시작 전에 주변과 협의하는 과정을 착공에 들어갔다고 말하지는 않는다."

어찌됐든 정부는 2014년 11월 '오류지구가 착공에 들어갔다'고 말했습니다. 하지만 공사는 시작하지 않고, 주변 관계기관과 2015년 2월까지 넉 달 넘게 협의를 거치고 있었습니다. 큰 사업이 계획대로 되지 않는 것은 다반사지만, 대대적인 홍보에 비해 작업의 실상은 훨씬 못 미친다는 사실을 확인하고 실망스러웠습니다.

행복주택이 아닌
행복주택

이렇게 시범지구 사업이 삐걱거리는 가운데 국토교통부는 행복주택 사업을 지방으로 확대하기로 결정했습니다. 이번에는 시범지구와 같은 갈등을 겪지 않기 위해 국토교통부가 일방적으로 부지를 선정하는 것이 아니라, 먼저 지자체의 희망을 받은 뒤 국토교통부와 협의를 거쳐 부지를 선정하는 방식으로 선정 과정을 합리적으로 바꿨습니다.

철도 부지나 유수지 위에 짓는다는 계획이 합리성이 떨어진다는 지적에 이번에는 다양한 지방 국유지와 시유지를 적극적으로 활용하기로 했습니다. '철도 부지와 유수지 위에 짓는 저렴한 임대주택'이라는 정부가 기존에 발표한 행복주택의 개념과는 다른 형태의 주택을, 행복주택 사업이라는 이름으로 건설하게 된 겁니다. 행복주택 아닌 행복주택. 이것이 지금 행복주택 사업의 현 주소입니다.

전문가들은 현재의 행복주택 사업이 실질적으로 서민을 위한 주거난 해소에 기여할 수 있을지 회의적인 입장을 보였습니다. 조명래 단국대학교 도시지역계획학과 교수는 말합니다.

"땅값이 상대적으로 싼 지방에 최소 5평, 최대 10 평에 불과한 행복주택을 짓는 것이 주거난 해소에 큰 의미를 갖기는 어려울 것이다."

지방은 이미 주택 공급 100%를 넘어섰는데, 도심 한가운데에서나 어울릴 법한 도시생활형 주택을 공급하는 것은 그리 어울리지 않는다는 지적입니다.

경기 안산 행복주택 예정 부지

집이 필요하다

하지만 공공임대주택이 다른 선진국에 비해 현저히 부족한 한국의 현실에서 어떤 형태로든 임대주택이 늘어나는 것을 반대할 사람은 없습니다. 이름과 의미가 기존과 바뀌었든 아니든 간에, 어떤 형태로든 서민을 위한 양질의 주택이 많이 늘어난다면 반길 만한 일이니 말입니다.

그렇다면 어떻게 해야 할까요? 조명래 교수는 덧붙였습니다. 행복주택의 개념에 얽매이지 말고 양질의 임대주택을 공급하되, 부지 선정에서 주민 설득 과정까지 꼼꼼히 진행해야 한다고 말입니다. 이와 함께 행복주택의 개념에 국한되기보다는 보편적인 주거 복지 측면에서 임대주택을 획기적으로 늘리고 정부 지원을 늘려 나가야 한다는 지적도 했습니다. 중앙정부가 현재 목표로 세우는 '한 해 10만 호 정도의 임대주택 보급 계획'을 최소 두세 배 끌어올려야 그나마 서민의 주거난이 조금은 해소될 것이라는 겁니다.

정부는 오는 2017년까지 당초 20만 호를 짓겠다던 행복주택 정책을 14만 호로 수정해서 발표했습니다. 답보 상태에 빠진 시범지구 행복주택 사업에서 이미 행복주택의 개념을 포기한 지방 사업에 이르기까지 국민은 정부가 진정 서민을 위한 주거 정책을 추진할 의지가 있는지 묻고 있습니다. 이 14만 호의 행복주택이 꼭 필요한 곳에 저렴한 비용으로 잘 건설될지, 오는 2017년까지 잘 지켜봐야 할 것 같습니다.

취재를 하는 내내 국토교통부 사무관들과 많은 얘기를 나누었습니다. 사무관들은 이 리포트의 취지 자체에 의문을 품고 취재 협조에 조심스러워했습니다. 저는 이 리포트가 서민을 위해 정부가 야심차게 추진하고 있는 정책에 찬물을 끼얹으려는 것이 아니라, 정책이 잘 시행되고 있는지 점검하고 더 잘되게 하려는 데 목표를 두고 있음을 계속 설명해야 했습니다.

저는 시민과 정부의 분쟁에 초점을 맞추는 것이 아니라, 공공주택이 너무도 부족한 우리의 현실 속에서 정책이 어떤 방향으로 나아가고 있는지, 어떻게 하면 이런 사업이 잘될 수 있을지 고민하며 뉴스를 만들었습니다.

방송이 나간 2015년 2월 이후, 저는 행복주택 관련 사업 국토교통부의 발표가 이어질 때마다 귀를 쫑긋 세우며 관심을 기울이게 됐습니다. 행복주택 사업은 이후에도 우여곡절을 거치고 있는 듯 보입니다.

서울 양천구 목동의 경우 결국 행복주택 시범지구 선정이 취소됐고, 노원구 공릉동에서는 행복주택 공급 규모를 반으로 줄였지만 아직 주민 반대로 공사에 들어가지 못한 상태입니다.

하지만 나머지 행복주택은 하나둘 분양을 해나가고 있습니다. 예상보다 분양 열기가 높아서 2015년 4월 모집한 가좌지구 행복주택의 경쟁률은 47.5대 1을 기록했습니다. 비록 크기가 작더라도 교통이 편하고, 여러 편의시설이 있는 도심에서 조금이라도 싼 가격에 안정적으로 살아보고 싶은 서민의 마음이 그대로 반영된 것 같습니다.

취재를 하고 방송을 준비하는 과정에서 집 없는 사람들의 설움을 절절하게 느꼈습니다. 행복주택 사업을 열심히 취재했던 기자로서 어떤 방향으로든 잘 진행되길 바랍니다. 그리고 더 다양한 임대주택이 우리 사회에 많아져서 집 없는 서민의 눈물이 조금이나마 덜어졌으면 하는 바람입니다.

08

확정된 수익은 없다 - 수익형 부동산의 늪

[수익형 부동산의 늪 2016년 7월 24일 방송]

"저기 있는 저 플랜카드를 다 떼버리고 싶어요."

세종시에 있는 한 상가 분양사무소 앞. 2015년 이곳에서 상가를 분양받은 50대 김씨를 만났습니다. 그는 여기저기 걸린 상가 분양 광고들을 원망스러운 눈으로 바라보았습니다.

원치 않게 상가를 분양받았다가 낭패를 보고 있다는 그의 하소연을 들으러 가는 길이었습니다. 짧은 시간 걸었는데도 여기저기서 분양 대행사 직원들, 소위 '떳다방'이 저를 잡아끌었습니다. 어떻게 왔냐. 왜 왔냐. 좋은 물건이 하나 있다. 보고 가시라. 분양 대행사 직원의 호객 행위는 끈질겼습니다. 한 걸음 떼기가 쉽지 않을 정도였

으니까요.

"여기서 저를 만난 건 정말 행운이십니다. 어서 들어와서 설명만 들어보시죠."

김씨도 1년 전 이런 일을 당했던 걸까요? 그의 이야기를 들어봤습니다.

한 달에 수천만 원의
프리미엄이 생긴다?

김씨는 1년 전 개인 용무를 보러 세종시에 들렀습니다. 길을 지나다가 우연히 길가에서 만난 분양 대행사 직원의 손에 이끌려 한 분양 사무실로 들어갔습니다. 분양 대행사 직원은 11억여 원이나 되는 상가를 분양받으라고 강권하기 시작합니다. 그는 거액의 상가를 분양받을 상황이 전혀 아니었기에 분양 대행사 직원의 말을 건성으로 들었습니다.

하지만 대행사 직원은 대화를 얼마간 나눈 뒤, 실제 이 상가를 분양받을 필요는 없고 1억여 원의 계약금만 걸라고 권했습니다. 이 상가는 인기가 많은 물건이니 일단 계약만 하면 3개월 안에 평당 50만 원의 프리미엄을 붙여 되팔아주겠다는 것이었습니다. 그는 이 제안을 듣고 귀가 솔깃했습니다. 대행사 직원은 자신의 신분증을 복사해 각서까지 써주며 3개월 안에 팔아주겠다고 재차 약속했습니다. 계산대로라면 평당 50만 원의 프리미엄이 붙으면 그는 세 달 만에 3천여만 원의 차액을 얻는 것이었습니다. 그는 각서의 법적인 효력을 믿고 일단 계약을 했습니다. 계약금을 입금한 후 그는 곧 큰 이익을 볼 것이라는 기대에 부풀었습니다.

하지만 실상은 달랐습니다. 3개월이 지나도 분양 대행사 직원은 처음의 약속을 지키지 않았습니다. 여러 가지 상황 평계를 대며 차일피일 약속 기한을 미뤘습니다. 약속이 지켜지지 않은 채 해가 바뀌었고, 결국 잔금 지급 날짜까지 도래했습니다. 그는 연봉 2천여만 원을 받는 평범한 직장인. 도저히 잔금을 지불할 형편이 못 됩니다. 궁지에 몰린 그는 분양 대행사 직원을 사기로 고소했지만, 법적으로 그가 보호를 받을 수 있을지는 미지수입니다. 공인기관의 보증 없이 작성된 사적인 각서는 법적인 효력이 없을 뿐더러, 계약 당시 강요나 협박이 있었다는 정황을 발견하기도 쉽지 않기 때문입니다.

음성변조
WEEKLY ISSUES
광고는 거짓말이고 진짜 솔직히 말해서 이렇게 돌아다니면서
길거리 현수막 붙여놓잖아요. 이런 거 다 떼버리고 싶어요.

'강요받았다고 몇 천만 원씩 계약금을 내는 사람이 어디 있나요?'
도리어 반문하는 분양 대행사 직원 앞에서 그는 이제 말문이 막힙
니다. 어마어마한 금액의 상가 분양 잔금을 생각하면 앞으로 어떻
게 살아야 할지 알 수 없다는 김씨. 그는 한순간의 욕심에 눈이 멀
어 그릇된 결정을 한 자신의 행동을 땅을 치며 후회합니다.

수익형 부동산으로
몰리는 돈

　　　　　　　　초저금리 시대, 부동산으로 돈이 몰리는 것
은 어쩌면 자연스러운 현상일 것입니다. 특히 이자 수익에 의존해오
던 노년층의 경우 저금리 시대가 두려울 법도 합니다. 이런 상황에
서 한 달에 얼마씩 일정 수익을 보장해준다는 문구는 다분히 매력

적입니다. 은행에 돈을 넣어놓는 것이 바보스럽게 느껴질 때 수익형 부동산은 그 틈을 파고들어 강력하게 투자자를 끌어들입니다. 이런 세태를 반영하는 걸까요. 이미 살 집이 한 채 있는데도 빚을 내 또 다른 부동산을 사는 사람이 갈수록 늘고 있습니다.

우리나라 다주택 보유 가구가 진 빚을 살펴보았습니다. 부채는 2012년 111조 2천억 원에서 2015년에는 143조 4천억 원으로 29%나 늘어났습니다. 워낙 금리가 싸다 보니 빚을 얻어서라도 부동산을 사서 재테크를 하는 것이 유리하다고 판단한 사람이 그만큼 늘어났다는 얘기입니다.

특히 60세 이상 고령층의 담보 대출 용도를 보면 이런 경향은 뚜렷해집니다. 고령층이 거주 주택이 아닌 또 다른 부동산을 마련하는 데 쓴 대출금은 2013년 전체 대출액의 17%에서 2015년에는

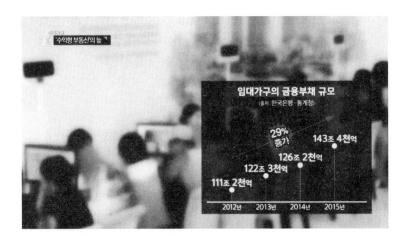

임대가구의 금융부채 규모
(출처: 한국은행·통계청)

29% 증가

143조 4천억
126조 2천억
122조 3천억
111조 2천억

2012년   2013년   2014년   2015년

60세 이상 거주주택 이외 부동산 매입 용도 비중
(출처: 통계청)

17.1% 2013년
18.7% 2014년
24.1% 2015년

24%로 늘었습니다. 이러다 전 국민이 부동산 대출의 노예가 되는 것은 아닌지 염려가 될 정도로 부동산 투자 광풍은 두렵기까지 합니다. 이자 수익보다 조금 더 나은 수익을 얻으려다 낭패를 본 사람은 정말 많았습니다.

현대판 봉이 김선달, 한 오피스텔을 열 명에게 판다?

'오피스텔을 중복 분양한다? 이게 무슨 얘기일까?' 처음 해당 제보와 관련 기사를 보고 조금 의아했습니다. 중복 분양이라는 것이 가능한 걸까? 실제로 가능했습니다.

2014년 전라도 광주에서 한 오피스텔을 분양받은 사람들. 당시 해당 오피스텔의 시행사는 미분양 물량에 한해 특별 할인 분양을 한다며, 최초 분양가보다 2, 3천만 원 저렴한 가격으로 오피스텔을 분양했습니다. 정상적인 분양 물량은 중간에 신탁사가 보증하도록 되어 있습니다. 해당 오피스텔의 정상 분양 물량은 신탁사를 통해 거래가 되었습니다.

하지만 미분양 물량에 대해서 시행사는 신탁사를 통하지 않고 시행사로 직접 대금을 입금하도록 했습니다. 분양받는 사람들에게는 분양자가 약간의 위험을 감수하는 대신, 오피스텔 가격을 대폭 할인받을 수 있다고 대대적으로 선전했습니다. 이렇게 오피스텔을 분양받은 사람이 520여 명. 저렴한 가격에 오피스텔을 분양받았다는 생각에 투자자들은 기대감에 부풀어 올랐습니다. 2년이 지난 후 투자자들은 시행사 대표가 고의로 투자자를 속이고 해당 오피스텔을 적게는 이중, 많게는 10중으로 다중 분양해온 사실을 알았습니다. 명백한 사기인 것입니다.

해당 오피스텔에 투자했던 사람을 만나러 광주를 찾았습니다. 시행사 사무실이 차려져 있던 곳이 이제는 오피스텔 분양 피해자의 비상대책위원회 사무실이 되어 있었습니다. 대부분 쌈짓돈을 털어 투자한 소시민이었습니다. 연금 저축 만기가 되어 투자한 사람, 자식 몰래 대출받아 투자한 사람, 퇴직금을 모아 투자한 사람 등 사연도 가지각색이었습니다. 한꺼번에 3채, 2억여 원을 투자해 노후 자금을 모두 날렸다고 말하는 투자자를 만났을 때는 정말 마음이 아팠습니다.

"한평생 겪을 일, 안 겪을 일 다 겪었고, 나도 세상을 알 만큼 안다고 생각했는데 노년에 이런 일을 당하니 진짜 죽고 싶습니다."

노후 자금을 한꺼번에 날린 그분의 심정을 어떻게 헤아릴 수 있을까요.

시행사 대표는 사기 혐의로 구속된 상태지만, 이미 없어진 돈을 찾을 길은 없습니다. 오피스텔은 입주자를 받지 못하는 상태로 폐쇄되어 있었습니다. 닫힌 오피스텔을 바라보는 투자자들의 마음은 답답합니다. 분양 중인지라 등기가 완료된 건물도 아니었으니, 시행사 대표가 다중분양하고 있는 것을 중간에 확인할 방법도 없었습니다. 그저 큰 회사니 사업을 잘하겠거니 믿었고, 은행 이자보다 나은 정기 수익을 얻을 꿈에 부풀어 있었습니다. 피해 금액은 380억 원. 이렇게 서민들은 또 한 번 수익형 부동산의 늪에 빠졌습니다.

어떻게 하면 이런 피해를 막을 수 있을까요? 전문가들은 말합니다. 분양권을 산다는 것은 미래에 실물 부동산을 취득할 수 있는 권리를 사는 것이다 보니, 공급자가 시장에서 일탈적인 행동을 한다고 해도 소비자 입장에서는 막을 방법이 사실상 많지 않다고 말입니다. 그러니 소비자 스스로가 조심해야 하고, 가격이나 입지 경쟁력이 뛰어나고 파격적인 조건을 내세우는 물건일수록 더욱 조심해야 한다고 강조했습니다. 더 좋아 보이는 물건일수록 피해야 한다. 이 역설이 수익형 부동산에서는 실제로 통하고 있었습니다.

확정된
수익은 없다

이렇게 수익형 부동산에 투자했다가 낭패를 본 사례는 한두 건이 아니었습니다. 특히 임대 관리 회사가 약정된 임대료를 임차인에게 고정적으로 지급하는 이른바 자기관리형 임대주택에 투자했다가 큰 손해를 보고 있는 투자자가 많았습니다.

2015년 경기도에 있는 자기관리형 오피스텔에 투자했다가 어려움을 겪고 있다는 사람들을 만났습니다. 수십 명의 투자자가 당초 예정된 투자 수익을 보장하라며 집회를 하고 있었습니다. '확정 수익 보장'이라는 문구는 투자자를 쉽게 유혹합니다. 안정된 건설사가 짓고 있고, 한 달에 얼마씩 주겠다고 약정된 지급 보증서까지 발행되니 투자자는 의심하지 않고 선뜻 거액의 투자금을 내놓습니

음성변조
우리는 믿고 이것을 시작했는데 지금은 전혀 안 지켜지니까.
저희는 속이 터지는 거죠

다. 하지만 시행사와 분양사의 약속은 시간이 지나면서 처음과 달라졌습니다. 시행사는 '시장 환경이 바뀌었다, 우리도 예상하지 못한 변수가 너무 많이 생겼다, 회사 사정이 어렵다' 등 핑계를 대며 한동안 당초 약속한 금액의 70%밖에 못 주겠으니 양해해달라는 문서를 보내왔습니다.

제가 만난 투자자의 상당수는 고령이었습니다. 이 오피스텔에 투자하면서 이미 은행 빚을 진 상태였습니다. 투자자들은 은행 이자를 갚고 나면, 시행사가 주겠다는 금액의 월세만 받으면 오히려 손해가 나는 셈이라고 울상이었습니다.

시행사가 작성한 지급 보증 증서가 있다고 해도 이것을 근거로 법적으로 시행사를 제재하기는 사실상 어렵습니다. 개개인 간의 각서나 보증서는 법적인 구속력이 없으니까요. 과장 광고에 대한 규제

도 과징금 등의 처벌만 내려질 뿐 실제 투자자를 보호하는 역할까지는 하지 못합니다. 결국 손해는 투자자에게로 돌아가는 셈입니다.

어떻게 하면 피해를
줄일 수 있을까

어떻게 하면 조금이라도 수익형 부동산에 투자하는 서민의 피해를 막을 수 있겠느냐는 저의 물음에, 전문가들은 수익형 부동산도 자본시장통합법상 '투자계약증권'으로 보고 수익형 부동산 분양과 판매를 사전에 신고하도록 해야 한다고 목소리를 높였습니다.

수익형 부동산을 증권으로 보면, 부동산 분양 전에 금융위원회에 신고해야 하기 때문에 신고한 내용과 분양 내용이 다를 경우 규

제할 수 있다는 겁니다. 관리감독의 사각지대에 있는 수익형 부동산을 관리 가능한 영역으로 끌어들여야 한다는 조언에 고개를 끄덕였습니다. 실제 이 방안은 2015년에 논의된 적이 있지만, 부동산 시장에 악영향을 끼칠 수 있다는 반대에 밀려 제도 도입이 무산됐습니다.

정보가 부족한 상태에서 섣불리 투자했다가 낭패를 보고 있는 서민들. 이런 수많은 투자자를 보호할 수 있는 방안은 없을까요? 개개인이 정보 분석을 철저하게 하고, 속지 않기 위해 노력해야 한다는 것 외에 현재로서는 합리적인 방안을 찾기가 어렵습니다. 아직은 제도가 개인을 보호하지 못하기 때문에 속지 않기 위해, 큰 손해만은 피하기 위해 주의를 기울여야 합니다.

취재 과정에서 협박성 연락을 받는 것은 아무리 시간이 지나도 익숙해지지 않는, 정말 불쾌하고 힘든 일인 것 같습니다. 이번에도 마찬가지였습니다. 피해자들을 만나고 난 뒤, 제가 취재한 수익형 부동산의 시행사 관련자들로부터 '방송이 나가서 우리 물건에 조금이라도 해가 생기면 가만두지 않겠다, 고소하겠다, 방송을 하지 마라' 등 많은 협박성 연락을 받아야만 했습니다. 우리는 사실만을 취재할 뿐이니 방송을 하라 마라 명령할 권리가 없다고 수차례 말했지만, 뉴스가 방송되는 순간까지 협박성 연락은 계속됐습니다.

'누군가가 잘못했다'는 리포트를 만들 때는 취재 과정에서뿐만 아니라 편집 과정에서도 긴장이 됩니다. 사법 기관의 처분이 내려지지 않은 사안이니만큼 모든 업체 명을 가리고 모자이크 처리를 한 채로 방송을 내보냈습니다.

결국 이 방송은 건설사 쪽에도, 저희 쪽에 피해를 당했다고 제보한 쪽에도 환영받지 못했습니다. 건설사 입장에서는 '나가지 말아야 할 방송'이 나갔으니 자신들의 업체 이름이 가려졌다고 하더라도 이 방송이 껄끄럽고 불편했던 것 같습니다. 피해자들은 방송을 통해서라도 업체를 혼내주고 싶었는데, 모자이크로 철저히 가려진 방송 내용이 불만족스럽고 마뜩치 않았던 것 같습니다.

기자로 일하면서 매번 겪는 일이지만 이런 상황을 만날 때마다 고통스럽습니다. 하지만 한 명의 시청자라도 이 리포트를 보고 수익형 부동산에 투자할 뻔했다가 한 번 더 신중을 기하게 됐다면, 그것만으로도 이 리포트의 존재 의미는 있다고 생각합니다. 또 이런 뉴스들로 인해 향후 수익형 부동산과 관련된 적절한 제재 방안이 생긴다면 그것이야말로 바람직한 일일 테고요.

광주에서 만났던 퇴직한 할아버지의 모습이 잊히지 않습니다. 전 재산을 하루아침에 날린 그분에게 단순히 '당신 욕심이 과했다'고 말할 수 있는 권리가 우리 사회에 있을까요? 노후는 막막하고 돈 되는 수익원은 부동산밖에 없어 보이는 이 사회에서, 그분은 나름 최선의 선택을 한 것이 아닐까요? 부동산 불패 믿음의 뒷자락에는 항상 어리숙한 서민의 눈물이 있습니다.

대한민국에서
'여성'으로 산다는 것

우리나라에서 여성으로 살아간다는 것은 어떤 의미일까요? 여성이기 때문에 견뎌야 하는 것이 너무나 많습니다. 특히 신체적으로 힘이 약한 존재기에 여성은 늘 남성에게 물리적, 성적으로 피해를 당할 위험에 노출되어 있습니다. 그것은 가정에서도 직장에서도 마찬가지입니다.

먼저 가정에서 일어나는 폭력을 들여다봤습니다. 가정폭력특례법이 제정된 지 17년이 지났지만 피해자는 오히려 늘고 있기 때문입니다. 피해자는 숨죽여 살 수밖에 없고 가해자는 처벌을 받지 않은 채 재범을 일삼는 악순환을 취재했습니다.

그리고 학교와 직장으로 가봤습니다. 끊이지 않고 일어나는 성희롱, 성추행 범죄들. 이런 범죄가 생기고 나면 피해자가 용기를 내어 문제 제기를 하더라도 가해자가 제대로 처벌받는 경우는 많지 않았습니다. 회사나 학교 측은 가해자를 조용히 징계한 뒤 오히려 피해자에게 불이익을 주는 경우가 많았습니다. 피해자는 피해 사실을 참아도 문제, 알려도 문제인 진퇴양난의 상황에 놓여 있었습니다. 이들의 사연을 들었습니다. 그리고 성폭행을 당한 흑산도 초등학교 여교사의 사연을 들으러 흑산도와 홍도를 찾았습니다.

이번 취재 과정에서 저는 우리 사회의 거대한 벽 앞에 마주하는 것 같은 느낌을 받았습니다. 여성을 배려하는 것까지는 바라기 어럽더라도 최소한 물리적, 성적인 학대로부터 보호해줄 필요가 있다는 것에는 모두 동의하리라 생각했습니다. 하지만 이런 '최소한의' 의견조차 동의하지 못하는 사람이 예상보다 훨씬 많았습니다. 이런 가운데 피해 여성은 점점 더 궁지로 내몰리고 있었습니다. 오히려 색안경을 끼고 피해 여성을 바라보는 우리 사회의 현실 앞에 좌절하고 마음 아파하며 취재를 시작했습니다.

09

맞아서 죽을 수도 있나요? - 가정폭력 피해자

[처벌받지 않는 가정폭력 2014년 11월 21일 방송]

"집 안에서 일어나는 일이고. 누구에게도 말할 수 없기 때문에 더 무서운 것 같아요."

연수(가명) 씨가 떨리는 목소리로 기자에게 건넨 말입니다. 20대 중반. 아직 세상을 많이 살았다고 말하기 어려운 나이. 하지만 그녀에게는 가슴에 묻어둔 눈물이 참 많았습니다. 태어나서 지금까지 그녀의 가정은 폭력으로 얼룩져 있었습니다. 아버지는 어머니를 상습적으로 폭행해왔습니다. 부부는 작은 작업장에서 하루 종일 붙어 일했고, 아버지는 작업실에 있는 망치며 드라이버 등을 이용해

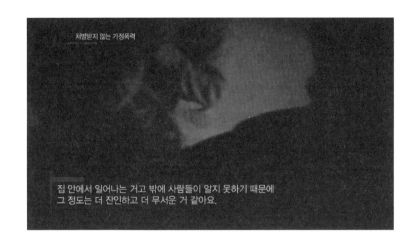

집 안에서 일어나는 거고 밖에 사람들이 알지 못하기 때문에
그 정도는 더 잔인하고 더 무서운 거 같아요.

심사가 뒤틀릴 때마다 어머니를 폭행했습니다. 그 끝은 비극적이었습니다. 어머니는 아버지의 살해 위협이 극에 달했던 어느 날 아버지를 먼저 살해하고 말았습니다. 아무에게도 말할 수 없었던 그녀의 고통이 세상에 알려진 것은 결국 이 폭력이 가장 비극적인 결말로 치닫고 난 뒤였습니다.

이런 고통을 감추고 사는 여성들, 그리고 그 가정의 자녀들을 만나기 위해 취재를 시작했습니다. 정부는 가정폭력을 4대악으로 규정했고, 우리나라에는 '가정폭력특례법'이라는 이름의 규제 법안이 분명히 있지만 피해 여성의 삶은 여전히 피폐합니다. 그 이유는 무엇인지, 왜 이 폭력의 가해자는 번번이 처벌받지 않는 것인지 전문가에게 물어봤습니다.

폭력은
대물림된다

가정폭력 피해자를 만나는 일은 정말 쉽지 않았습니다. 누구도 자신의 가정사를 쉽사리 얘기하고 싶어하지 않았습니다. 결말이 좋든 나쁘든 가정폭력의 가해자든 피해자든 모두 자신을 모른 척해주기만을 바랐습니다. 이 취재를 시작한 것 자체에 회의를 느낄 때쯤 피해 여성을 만나기에 앞서 폭력 가정에서 자란 자녀들을 먼저 만나봐야겠다는 생각이 들었습니다.

경남에 있는 한 도시에서 가정폭력을 휘두르던 아버지에게 야구 방망이를 휘둘렀다가 살인 미수 혐의로 구속된 16세 김군의 사연부터 취재하기로 했습니다. 김군의 어머니는 2008년 스스로 목숨을 끊었습니다. 경찰 조사에서 김군은 어머니가 아버지의 폭력을 못 견뎌 자살했다고 진술했습니다. 김군이 살던 곳에 찾아가 동네 주민을 만났습니다. 주민들은 아버지가 어머니를 심하게 때렸고, 아이도 많이 때려왔다며 고개를 내저었습니다. 아버지와 인터뷰를 시도했습니다. 아버지는 '여기저기서 많이 와서 머리가 너무 아프다'는 말로 취재진과의 인터뷰를 단번에 거절했습니다. 스산한 골목길 위에서 야구 방망이로 아버지를 때리려 했던 김군의 모습을 떠올려봤습니다. 어떤 마음이었을까. 옆집에서 만난 할머니는 혀를 끌끌 차며 말했습니다.

"애가 정말 착한데 이거 뉴스 만들어서 그 애 좀 빨리 감방에서

처벌받지 않는 가정폭력

2013년 가정폭력 검거 만 8천여 명
전체의 절반을 기소유예 처분   출처: 여성가족부

나오게 해주면 안 되겠소?"

담당 국선변호사를 만났습니다. 김군의 행동이 결코 잘한 것은 아니지만, 어느 누구로부터도 보호받을 수 없는 김군의 사정이 딱해 보였습니다. 여러 가정환경을 고려한 정상 참작이 되도록 노력하고 있다며 담당 변호사는 폭력이 또 다른 폭력을 낳고, 비극이 또 다른 비극을 불러온다고 강조했습니다. '상황을 해결하는 방법이 폭력밖에 없다고 마음속에 내재화되면서 이런 식의 행동이 나왔다'는 변호사의 말에 누가 이 가정폭력의 가해자고 피해자인지 알기 어렵다는 생각이 들었습니다. 폭력은 종종 대물림됩니다. 그리고 상황이 심각해질수록 이제는 가해자가 피해자가 되고, 피해자가 도리어 가해자가 되는 모순이 현실화됩니다.

두려운 보복
벗어날 수 없었다

우리나라 여성은 가정폭력을 잘 신고하지 않습니다. 여성가족부 조사 결과에 따르면 전체 가정폭력 피해 여성의 2%만이 외부에 도움을 요청하는 것으로 나타났습니다. 용기를 내어 피해 여성이 경찰에 신고한다고 해도 문제는 해결되지 않습니다. 경찰이 가해자를 잡아가지도 않고, 잡아간다고 해도 아무런 처벌을 받지 않은 채 집으로 다시 돌아오기 때문입니다. 경찰이 '집안일이니 잘 해결하라'며 되돌려 보낸 비율이 전체 가정폭력 신고 건수의 절반에 달합니다.

2013년 한 해 동안 가정폭력으로 검거된 인원은 1만 8천여 명입니다. 이 숫자는 해마다 늘고 있습니다. 하지만 가해자는 경찰에 연

행되어도 대부분 과태료 등의 처분을 받고 풀려납니다. 경찰에 검거된 100명 가운데 실제로 구속되는 사람은 한 명에 불과합니다. 신고하고 난 뒤의 상황은 피해 여성에게 더 가혹합니다. 신고를 했다는 이유로 더 큰 보복을 당합니다. 여성들은 더 이상 신고할 엄두를 내지 못합니다.

정말 방법이 없는 것일까요? 이혼을 하면 되지 않을까? 하지만 취재 과정에서 만난 59세 백미순(가명) 씨는 이런 제 물음에 고개를 내저었습니다. 그녀는 최근 아들에게까지 흉기를 휘두르는 남편을 더 이상 견딜 수 없어 이혼 신청을 한 상태였습니다. 하지만 남편과의 이혼은 순탄치 않습니다. 긴 법정 공방을 거쳐야 하고, 그 기간 동안 남편이 언제 또 보복하러 올지 모른다는 불안감에 시달려야 하기 때문입니다. 접근금지 신청을 하기는 했지만 이것도 그녀를 안심시키지는 못합니다. 남편이 규정을 지키지 않는다 해도 제재할 방법이 마땅치 않다는 것을 누구보다 잘 알고 있기 때문입니다. 그녀는 많이 불안해했습니다.

그녀는 결혼 생활 내내 안 해본 것 없이 다해봤다고 말했습니다. 신고도 해봤고, 남편이 가정폭력특례법으로 상담 처분을 받기도 했다고 했습니다. 하지만 그때뿐이었습니다. 남편은 돌아왔고 여전히 그대로였습니다.

우리나라 가정폭력특례법은 가해자에 대한 처벌보다 가정의 해체를 막는 데 중점을 두고 있습니다. 전문가들은 이런 법이 본래 취지와는 달리 오히려 피해자를 극단적인 선택으로 내몰고 있다고 지적했습니다. 피해자의 입장에서는 가정폭력이 종료되지 않는 한 계속 맞고 있다는 얘기인 만큼 일단 가장 먼저 폭력 피해로부터 그런 상황을 종료시켜줘야 한다는 겁니다. 법에 정해진 절차를 거치다 보면 가정폭력범을 현행범으로 신고한다 해도 가해자를 법정에 세워 처벌받게 하기는 사실상 거의 불가능합니다. 피해자가 가해자를 고소한다 해도 가해자는 상담을 성실하게 받는 조건으로 기소를 유예받는 경우가 많습니다. 가해자는 이 제도를 악용해 처벌을 받지 않고 또 다른 폭력을 휘두릅니다.

**그들이 택한
마지막 방법**

이렇게 출구를 찾을 수 없다 보니 연수 씨 어머니처럼 여성들 스스로 가장 극단적인 선택을 하기도 합니다. 서울구치소에 수감되어 있는 연수 씨의 어머니 면회를 다녀왔습니다. 난생 처음 방문한 서울구치소. 창문 너머로 연수 씨 어머니가 말했습니다.

"선생님, 너무너무 미안하고 또 미안하지만, 그래도 저는 그럴 수밖에 없었어요."

유리창 너머로 허락된 10분 동안 어머니는 계속 울었습니다. 왜 그럴 수밖에 없었는지, 그날 남편의 살해 위협이 얼마나 심했는지 설명하면서도 눈으로는 계속 제 옆에 앉은 연수 씨를 보고 있었습니다. 남편에게 미안하고 딸에게 미안하다. 여러 번 구치소 안에서 자살 시도를 했다는 어머니. 이 비극을 막을 수 없었을까.

가정폭력에 시달리다 아내가 남편을 살해한 사건은 21건에 이릅니다. 이 가운데 정당방위가 인정된 경우는 한 번도 없습니다. 대부분의 여성은 더 이상 방법이 없다고 생각해서 그런 극단적인 선택을 합니다. 물론 가정폭력으로 자신이 먼저 맞아죽을 수도 있겠다는 극한의 공포감을 가진 채로 말입니다. 하지만 이제까지의 법원의 판결을 보면 가정폭력을 휘두르는 남편이 상대를 죽이겠다고 말을 한다 해도 진짜 살해 의도가 있었던 것은 아니며, 다른 방법을 강구해 폭력으로부터 벗어날 수도 있었지 않았겠냐는 이유로 정당방위를 인정하지 않았습니다. 전문가들은 이것이야말로 지극히 가해자 중심적인 사고라고 입을 모아 비판했습니다.

어떻게
해결할 수 있을까

전문가들은 하나씩 해결 고리를 찾아야 한다고 말했습니다. 먼저 경찰이 가정폭력 신고를 접수받아 사건을 처리하는 과정에서 체포우선주의를 도입하라는 목소리가 높았습

니다. 피해 여성이 가해자가 보는 앞에서 '우리 남편을 잡아가 달라'
고 말하는 상황을 되도록 만들지 말자는 겁니다. 어느 가정폭력 피
해자가 그런 용기를 낼 수 있겠으며, 설마 용기를 낸다 한들 이후의
보복이 얼마나 심하겠느냐는 겁니다. 가정폭력 담당 경찰관은 말했
습니다. 현장에서 우선적으로 가해자와 피해자를 분리하고, 피해
사실이 확인되면 피해자 동의 없이도 가해자를 검거할 수 있도록
규정이 강화되면 적극적으로 사건 처리에 임할 수 있겠다고 말입
니다.

전문가들은 법원도 바뀌어야 한다고 목소리를 높였습니다. 절대
용인할 수 없는 종류의 폭력도 분명히 있는데, 가정폭력범에 대해
서 '상담조건부 기소유예' 처분을 내리는 경우가 많은 것을 지적했
습니다. 당장 처벌이 필요한 가해자에 대해서는 상담을 받는 조건

그러나 경우에 따라서는 폭력의 양상이 도저히 은폐되거나
덮어놓을 수만은 없는 그런 종류의 폭력도 존재한다.

으로 처벌을 유예하는 것보다 좀 더 엄격한 처벌을 내리는 것이 합당하지 않겠느냐는 지적입니다. '가정의 보호'도 좋지만 도저히 정상적인 형태로 유지될 수 없는 가정도 있다는 것을 받아들일 때 가정폭력으로 인한 끔찍한 비극을 줄일 수 있다는 겁니다.

취재 과정에서 만난 피해 여성은 경찰 신고도, 이혼도 가정폭력에서 벗어날 수 있는 대안이 될 수 없었다고 말했습니다. 공권력이 그들을 보호해주지 못하는 동안 가정은 깨지고, 폭력은 대물림되고, 누군가는 다치고 죽어가고 있습니다.

잊을 만하면 터져 나오는 가정폭력 사건들, 이로 인한 비극적인 결말들. 이 문제의 원인은 어디에 있을까. 책임은 우리 모두의 몫입니다. 가해자 처벌과 피해자 보호에 뒷짐 진 우리 사회의 공권력과 이 문제에 '무섭도록 무관심한' 사회 구성원 모두가 이 범죄에 대한 잠재적 공범자이기 때문입니다. 오늘도 숨죽여 울고 있을 또 다른 '그녀들'의 눈물이 부디 멈출 수 있기를 바랍니다.

취재파일k에 올 때부터 가정폭력 관련 이슈는 꼭 한 번 다루어
보고 싶다는 생각을 했습니다. 이미 가정폭력 관련 이슈는 여러 군
데서 다뤄진 부문인 만큼 큰 발생 사건이 일어나지 않는 이상 데
일리 뉴스팀에서는 쉽사리 뉴스로 다루기 어려운 아이템이었기 때
문입니다. 섭외나 촬영 또한 시간이 많이 걸릴 것이 분명한 아이템
이니, 시사제작국에 왔을 때 마음을 다잡고 이 문제를 다뤄보자는
것이 제 생각이었습니다. 사회부 수습 시절, 경찰서를 돌 때 온 얼
굴에 멍이 시퍼렇게 들어서 술 취한 남편과 함께 경찰서에 앉아 있
던 아주머니들을 볼 때면 마음이 많이 아팠었습니다. 기존과 다르
게 실질적으로 문제 제기를 하고, 해결 방안까지 모색할 수 있는
좋은 프로그램을 만들자고 몇 번씩 마음을 다잡았습니다.

그렇게 결심은 단단했지만 취재 과정은 정말 쉽지 않았습니다.
우선 섭외가 전혀 되지 않았습니다. 아무도 인터뷰를 원하지 않았
습니다. 가까스로 설득을 하고 허락을 받은 뒤 고통스러워하는 피
해자를 만나 인터뷰와 촬영을 하고 온 바로 다음 날, 피해자는 자
신의 이야기를 방송에서 빼달라고 하기도 했습니다. 열심히 취재한

것을 버려야 한다는 허탈감도 있었지만, 그것보다는 우리 사회가 얼마나 그분들에게 불신을 주었기에 이렇게 아무도 믿지 못하는 것일까 하는 생각이 들었습니다.

취재를 하는 내내 피해자들은 불안해했습니다. 방송에 나간다고 해서 문제가 해결되는 것도 아니니 괜한 인터뷰로 혹여나 보복을 당하지 않을까 두려워하는 것 같았습니다. 저는 뭔지 모를 죄책감을 느끼며 취재를 계속했습니다. 방송가가 제공하는 약간의 인터뷰 사례비가 그분들에게 위로가 되지 못할 것임은 분명했지만, 소정의 인터뷰료로나마 그 죄책감을 덜고 싶다는 생각을 했던 것 같습니다.

방송을 준비하면서는 모자이크는 꼼꼼히 했는지, 음성 변조는 잘되었는지 몇 십 번을 마음 졸이며 확인했는지 모릅니다. 방송 이후 취재했던 분들의 안부가 정말 궁금했지만 연락하기가 쉽지 않았습니다. 다만 부디 방송으로 인해 그분들이 우려했던 2차 보복 피해가 없기만을 간절히 바랄 뿐이었습니다.

'남의 가정사'에 대해 언론이 문제 제기를 하기는 정말 어려운 일입니다. 하지만 가정 안에서 일어나는 물리력이 한 사람의 인생을 망가뜨리는 폭력으로 치닫는 순간, 그것은 더 이상 한 가정의 문제가 아닌 사회가 함께 해결해야 할 문제가 됩니다. 짧은 인터뷰조차 그렇게 어려워하던 가정폭력 피해자들이 공적으로 수사기관에 가해자 처벌을 의뢰하기는 얼마나 어려웠을까 싶습니다. 이 리포트는 제게 정말 '아픈 손가락'이었습니다.

두 번 우는 그녀들 – 성범죄 피해자

[성범죄 피해자, 배반당한 용기 2015년 7월 25일 방송]

"문제 제기를 할 때부터 일단 직장은 포기해야 한다고 생각했어요."

7월의 여름날 작은 공원에서 김유진(가명) 씨를 만났습니다. 인터뷰 장소에 오기까지 그녀는 정말 여러 번 망설였습니다. 방송이 제대로 되는 건 맞는지, 편집이 악의적으로 되는 것은 아닌지, 신상은 확실하게 가려지는지 등. 딱한 사정을 충분히 듣고 사실을 있는 대로 보도할 것이며, 신상은 반드시 가려드린다는 약속을 몇 번이나 한 뒤에야 그녀는 약속 장소에 나왔습니다. 그만큼 그녀가 자신의

이야기를 방송에서 한다는 것은 참 어려워 보였습니다.

비정규직의 슬픔, 직장을 내려놓아야
가능한 문제 제기

　　　　　유진 씨는 비정규직으로 회사에서 일해왔습니다. 하지만 2014년 재계약을 포기하고 직장을 나와야 했습니다. 그녀가 직속 상사의 성희롱 정황을 회사 감사팀에 진술하고, 증거 자료를 제출하며 공식적으로 문제 제기를 했기 때문입니다. 그녀는 입사 이후 오랫동안 직속 상사로부터 성희롱을 당해왔습니다. 직속 상사는 해당 팀을 직접 꾸리는 인사 담당권자이자 팀원의 월급을 올려줄 수 있는 권한을 가진 사람이기도 했습니다. 이런 사람에게 성희롱을 당했다고 공개적으로 말하는 것은 더 이상 회사에 있을 수 없다는 의미였습니다. 그렇기 때문에 문제 제기를 하기까지는 정말 큰 용기가 필요했습니다.

그녀에게 가장 충격적이었던 일은 해당 상사가 회식이 끝난 뒤 집으로 돌아가려는 그녀를 잡아 모텔로 데려가려 한 일이었습니다. 그녀는 가까스로 그 상황을 모면했지만, 한동안 정신적인 충격에서 벗어날 수 없었습니다. 몇 달 뒤에도 비슷한 사건은 반복됐습니다. 상사는 둘이 있을 때 '한 번만 자자. 너를 생각하며 자위를 했다'는 말을 했습니다. 그녀는 기겁을 했지만 상사의 성추행은 멈출 줄 몰랐습니다.

참다못한 그녀는 성희롱 발언 내용을 녹음하고, 여러 증거 자료를 나름대로 준비해 감사팀에 알렸습니다. 그리고 회사를 나왔습니다. 하지만 해당 상사는 반성도 사과도 하지 않았습니다. 그녀는 회사를 나온 뒤 자신에 대한 소문을 들었습니다. 여자애가 상사와 사귀다가 자기 마음대로 안 되니까 회사를 그만뒀다는 소문이 파다하게 퍼졌습니다. 그녀는 또다시 상처를 받았습니다.

이런 일은 비단 유진 씨만이 겪는 일이 아니었습니다. 또 다른 회사원 박모씨를 만났습니다. 상사와 함께한 회식 자리. 상사는 회식 자리에서 여직원을 끌어안고 남자 직원의 바지를 내리게 했습니다. 장난으로 넘기기에는 지나치다고 생각했고, 그녀는 사장에게 상사의 행동에 문제를 제기하는 투서를 보냈습니다.

며칠 뒤 투서 내용을 알게 된 해당 상사는 회의를 소집해 자신의 행동을 해명했습니다. 기분이 좋아서 한 행동을 가지고 지나치게 문제 삼는 것은 좋지 않다는 취지의 말을 반복했습니다. 그런 뒤 그녀가 다른 남자 직원과 부적절한 관계를 맺고 있는 것 같다며 오히려 그녀를 다그쳤습니다. 투서를 보낸 지 20여 일 만에 그녀는 7년을 일한 회사에서 권고사직을 당했습니다.

그녀는 억울했습니다. 회사를 나온 뒤 그녀는 고용노동부와 법원에 문제 제기를 했습니다. 고용노동부는 해당 사안은 성희롱 사건이 확실하고, 권고사직 처분은 부당하다고 판단했습니다. 법원도 회사의 처분이 부당하다며 회사에 벌금 조치를 내렸습니다. 상황이 여기까지 이르자 회사는 가해자의 직위를 강등하고 다른 지사로 전보 발령을 냈습니다. 회사 측은 '법적인 테두리에서 할 수 있는 것은 다했다'고 말했습니다. 그렇게 피해자는 떠났고, 가해자는 남는 현실이 또다시 반복됐습니다.

증거 있느냐, 평소에 행실이 나빴다

성희롱 문제를 제기하는 사람은 크게 두 가지 반응을 접합니다. '증거가 있느냐.' 대부분의 사람은 증거가 없습니다. 심한 신체적인 접촉이 있었을 경우에도 증거가 없으면 가해자가 부인해버리면 그뿐인 경우가 많습니다. 설령 목격자가 있고, 증거가 있다 해도 가해자를 벌주기가 쉬운 일은 아닙니다. 평소에 행

실이 어떠했기에 유독 당신이 그런 일을 당하느냐고 묻는 경우가 많기 때문입니다. 그런 시선은 성희롱 피해자에게 또 다른 상처가 됩니다.

삼성전기에 다니다가 성희롱에 맞서 문제 제기를 한 뒤 회사와 소송까지 진행했던 이은의 변호사를 만났습니다. 이 변호사는 2005년 상사에게 성희롱을 당했다고 문제를 제기했습니다. 하지만 회사 감사실에 이 사실을 알린 뒤에도 문제는 해결되지 않았습니다. 이후 회사를 상대로 소송을 제기했고 5년 만에 승소했습니다. 이 변호사는 5년 동안 재판을 진행하며 회사를 계속 다녔습니다.

동료들은 그녀를 멀리했고, 인사고과는 늘 최하위점을 받았습니다. 이 회사에서 버티기 쉽지 않다고 느꼈지만 포기할 수 없었습니다. 포기하면 가해자와 피해자가 뒤바뀔 것 같았고, 그러면 앞으로의 삶에서 당당할 수가 없을 것 같았습니다. 그렇게 힘겹게 버틴 끝에 그녀는 승소했고 회사를 그만뒀습니다. 그리고 로스쿨에 진학했고, 지금은 성희롱이나 성추행을 당한 여성을 돕는 소송을 진행하는 변호사가 됐습니다. 이 변호사는 말합니다.

"대부분의 여성이 더 이상 버틸 수 없을 때 사무실 문을 두드려요. 그런 여성에게 힘이 되어 주고 싶어요."

이 변호사는 정말 당당했습니다. 5년 동안 회사와 가해자와 싸우는 과정이 정말 쉽지 않았지만 그 혹독한 시간들이 자신을 더 나은 사람으로 성장하도록 도왔다고 웃으며 말했습니다.

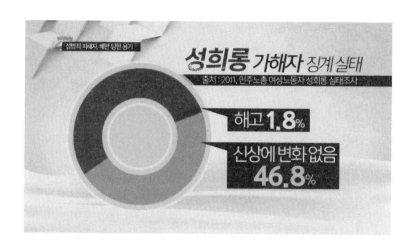

성범죄 피해자, 배반 당한 용기

성희롱 가해자 징계 실태
출처 : 2011, 민주노총 여성노동자 성희롱 실태조사

해고 1.8%

신상에 변화 없음
46.8%

통계를 한번 살펴봤습니다. 지난 4년 동안 한국 여성 민우회에 접수된 직장 내 성희롱 상담 7백여 건 가운데 4분의 1 가까이가 피해자가 오히려 불이익을 받았다는 내용이었습니다. 성희롱 문제 제기를 한 후 가해자가 해고된 경우는 1.8%에 불과하고 신상에 아무런 변화가 없었던 경우가 절반에 달했습니다. 성범죄는 힘을 가진 사람이 상대적으로 힘이 없는 사람에게 잘못된 폭력을 행사하는 것입니다. 하지만 우리 사회는 피해자에게 잘못을 전가하고 있습니다. 이런 상황에서 피해자는 더더욱 자신의 피해를 말하지 못하고, 가해자는 또 다른 가해를 행사할 수 있는 기회를 얻습니다. 결국 사회가 성범죄를 부추기고 있는 셈입니다.

피해자가
오히려 도망간다

이런 상황은 회사 내뿐만이 아니라 학교에서도 일어납니다. 중학교 3학년이었던 딸이 같은 학교 남학생에게 성추행을 당한 뒤 아직도 고통받고 있다는 가족을 만났습니다. 성추행 정황은 명확했습니다.

딸아이가 남학생에게 평소에 호감이 있었던 것은 사실이지만, 둘 사이에는 있어서는 안 될 불필요한 신체 접촉이 이뤄졌습니다. 아버지는 공식적으로 문제를 제기했고 학교폭력위원회도 열렸습니다. 도교육청에서는 해당 학생에게 학교 폭력 조치 8호, 즉 강제 전학 조치를 내렸습니다. 아버지는 가해자와 피해자의 분리가 시급하다고 느꼈지만 조치는 제대로 진행되지 않았습니다. 가해자의 아버지가 해당 조치에 대해 행정심판과 행정소송을 연이어 제기했기 때문입니다. 결국 가해자는 패소했지만 최종 결정이 나오기까지는 6개월이 넘는 시간이 걸렸습니다. 가해자인 남학생은 1월에 전학을 갔습니다. 피해자 가족은 분통을 터뜨렸습니다. 중학교 3학년이니 1월에 전학을 갔다는 것은 졸업만 다른 학교에서 할 뿐 가해자가 실질적으로 처벌받은 것은 아니었다는 생각이 들었기 때문입니다.

학교는 난감해했습니다. 실질적으로 상부기관에서 어떤 결정이 떨어지기까지 학교가 할 수 있는 조치는 없었기에, 결정을 기다렸을 뿐이라는 것이 학교의 입장이었습니다. 아버지는 말했습니다.

"그냥 우리 딸이 먼저 전학 가는 게 더 낫지 않았을까 싶어요. 이런 것에 문제를 제기해서 가해자가 처벌을 받기는 정말 쉽지가 않아요."

아버지의 한숨이 깊었습니다.

어떻게 해결할 수 있을까

성희롱, 성추행, 성폭행. 성범죄 피해자는 해마다 늘어 지난 2013년에 발생한 성범죄는 2만 3천 건을 넘어섰습니다. 피해자가 문제를 제기해도 가해자는 처벌받지 않고 오히려 피해자가 궁지로 몰립니다. 전문가들은 해법을 제시하기 난감해하면서도 다음과 같은 제안을 해왔습니다.

피해자가 피해를 드러내놓고 말해도 어려움에 처하지 않도록 객관적인 처리 기구가 학교나 회사에 갖춰져야 한다는 겁니다. 내부 인사로만 채워진 문제 처리 기관은 객관성을 상실할 우려가 있으니, 외부 전문가와 여성 단체까지 포함한 처리 기구가 있어야 하지 않겠느냐는 지적을 했습니다. 특히 교내 학교폭력위원회 구성원의 경우, 내부 인원의 비율이 높고 외부 전문가의 비율이 낮은 경우가 대부분이라서 객관적인 조사를 기대하기 어렵다는 지적도 이어졌습니다.

또 피해자에 대해서는 더욱 적극적인 신고 의지를 가져야 한다고 조언했습니다. 신고를 안 하고 참는다고 해서 사건 자체가 없어지는 것은 아닌데, 사건을 쉬쉬하고 덮으려고만 하면 정신적인 피해를 고스란히 혼자 감내해야 한다는 겁니다. '신고를 하면 다친다'가 아니라, '신고를 안 하면 더 다친다'는 생각을 가져야 이런 문제를 해결할 단초를 찾을 수 있다는 것이 전문가의 조언이었습니다.

어떻게 해야 가해자와 피해자의 입장이 뒤바뀌는 성범죄의 모순을 해결할 수 있을까요? 가해자는 당당하고, 피해자는 상처받고 회사나 학교를 떠날 준비를 합니다. 가해자는 처벌받고 피해자는 당당하게 문제를 해결할 수 있는, 상식이 통하는 사회는 언제쯤 가능할까요. 용기를 낸 사람들의 절박함이 배반당하지 않는 사회가 되기까지는 얼마나 더 시간이 필요할까요?

이 리포트도 모자이크와 음성 변조로 가득했습니다. 가정폭력 리포트를 만들 때만큼이나 마음을 졸였습니다. 방송이 그분들을 두 번 괴롭혀서는 안 된다는 생각에 살얼음판을 걷는 듯했습니다.

성범죄 피해를 당했을 경우도 가정폭력만큼이나 가해자를 명확하게 처벌하는 것이 정말 어려워 보였습니다. 법은 멀고 현실은 가깝습니다. 가해자는 물리적으로나 회사 권력 관계 안에서나 모두 피해자보다 힘이 셉니다. 성희롱, 성추행, 성폭행 등 성범죄의 대상이 되었다는 그 자체로 이미 피해자는 움츠러들어 있었고, 사실을 알리는 일조차 조심스러워했습니다. '피해를 당하고도 왜 가만히 있느냐, 당당히 피해 사실을 알리고 가해자를 벌줘라.' 이렇게 강하게 말하고도 싶었습니다.

하지만 그분들이 피해 사실을 알린 뒤 겪어온 지난한 과정을 들으면서 이런 말을 하는 것 자체가 얼마나 큰 오만인지 알았습니다. 가해자를 벌주려는 과정에서 오히려 피해자가 더 혹독한 벌을 받는 것 같았습니다. 그리고 결국 법이 피해자의 손을 들어주었다 할지라도 회사와 학교 등 가해자와 피해자를 둘러싼 사회 조직이 오히려 가해자 편을 들며 피해자를 '유별난 사람' 취급하며 배제한다는 것에 너무도 화가 났습니다. 그럼에도 불구하고 우리 사회가 조금씩이라도 바뀌려면 당당하게 문제 제기를 하고 끝까지 이겨 나가는 사람들이 있어야 한다는 생각이 들었습니다.

이 리포트가 생명력을 얻을 수 있었던 것은 자신의 의견을 시원스럽게 말해준 이은의 변호사 덕분이었습니다. 회사를 상대로 수년간 소송한다는 것이 쉬운 일은 아닐 텐데 옳은 것은 옳다고, 그른 것은 그르다고 말하기 위해 인내심을 가지고 그 과정을 이겨낸 용기가 놀라웠습니다. 취재 후기를 담은 책이 나온다고 알렸을 때 이 변호사는 이번에도 흔쾌히 자신의 얘기를 싣는 것에 동의해주었습니다. 우리는 움츠러들지 말고 더욱 힘을 내야 합니다.

제2의 섬마을 선생님은 또 나올 거예요 — 벽지 근무 여성

[섬마을 선생님 괜찮으세요? 2016년 6월 19일 방송]

햇볕이 뜨거운 초여름 저는 흑산도로 향했습니다. 하늘은 맑고 바다는 푸르렀지만, 섬으로 향하는 제 마음은 정말 착잡했습니다. 처음 취재파일k에 왔을 때부터 섬마을 선생님의 얘기는 다뤄보고 싶은 주제였습니다. 작은 마을, 대여섯 명에 불과한 학생, 그리고 그 학생들과 알콩달콩 즐겁게 지내는 선생님. 마치 영화 속 한 장면처럼 따스하게만 느껴지는 우리나라 곳곳에 있는 섬마을의 이야기를 한 번쯤 다뤄보면 좋겠다고 생각했습니다. 하지만 저의 이 바람은 애초의 계획과는 전혀 다르게 끔찍한 사건이 일어난 이후에야 실현

되었습니다.

섬마을에 근무하는 여교사가 마을 주민 여러 명에게 성폭행을 당한 사건이 일어난 겁니다. 부임한 지 얼마 되지 않은 초임 여교사가 낯선 지역에 와서 감당하기 어려운 일을 당했다는 생각을 하니 절로 고개가 내저어졌습니다.

사건이 일어난 마을에 가서 주민을 만나고, 관사를 둘러보고, 주변 분교에 가서 주변 사정을 알아보는 것이 저의 취재 목표였습니다. 이미 많은 언론이 다녀간 그곳에 제가 또 가면 주민들은 어떤 반응을 보일지 많이 걱정됐습니다. 목포에서도 배로 2시간 가까이를 가야 하는 섬, 흑산도. 저는 그렇게 긴장된 마음으로 흑산도로 들어갔습니다.

흑산도, 선생님,
그리고 주민들

사건이 일어난 뒤 흑산도 주민들은 당황함과 동시에 여러 언론의 보도에 깊은 상처를 입은 듯했습니다. 흑산도 주민위원장을 만나러 가는 길. 취재진은 배에서 내리자마자 주민들의 거센 항의를 받아야 했습니다.

선생님이 살았던 관사에 도착해서 학교를 둘러보기까지 주민들은 모든 취재와 촬영을 거부하고 취재진을 막아섰습니다. 선생님이 살던 관사는 한눈에 봐도 정말 허름하고 위험해 보였습니다. 어떤 보안 장치도 없는 관사. 그곳에서 지내며 아이들을 가르치다 변을 당했을 피해 선생님을 생각하니 정말 마음이 아팠습니다. 흑산초등학교 교장 선생님을 만나고 싶었지만 그것도 쉽지 않았습니다. 주민들과 학교 운동장에서 수십 차례 이야기를 나눈 끝에 교장 선생님이 나왔습니다. 불미스러운 일이 일어나서 미안하지만, 인터뷰를 하기는 어렵다는 말을 남긴 채 교장 선생님은 다시 학교로 들어갔습니다.

"있을 수 없는 일이 일어났지. 너무 화가 납디다."

마을 아주머니들은 이렇게 혀를 끌끌 찼습니다. '우리 동네가 원래 그런 동네가 아닌디… 어찌 이렇게 숭한 일이 일어났을꼬.' 주민들의 안타까움을 뒤로 하고 저희 취재진은 흑산초등학교 분교가 있는 홍도로 가는 배를 탔습니다. 선생님과 주민 인터뷰, 관사와 학

교 촬영 등 취재 분량을 거의 채우지 못한 채 말입니다. 피해 선생님의 아픔도, 그 뒤로 느껴야 했을 주민들의 당혹스러움도 모두 이해가 됐습니다.

아름다운 섬 홍도
그리고 아이들

그렇게 착잡한 마음으로 홍도로 향했습니다. 흑산도 주민의 거센 항의에 홍도로 향하는 마음도 긴장으로 가득했습니다. 홍도에 도착하자 어떻게 알았는지 최경만 홍도개발위원장이 부둣가에 나와 있었습니다. 이번에도 항의하러 나오신 건가, 긴장되는 마음에 경계하며 여쭤봤습니다.

"저희가 오는 걸 어떻게 아셨어요?"

"응, 흑산도 주민한테 들었지. 고생 많았지? 여기서는 살살해. 살 살하고 가."

그 마음이 감사했습니다.

홍도에 도착하자마자 흑산초등학교 홍도분교로 향했습니다. 이렇게 아름다운 학교가 있을 수 있을까. 학생 수는 유치원생까지 합쳐서 14명. 절경으로 둘러싸인 섬 안에 학교가 그림 같이 위치해 있었습니다. 파도치는 바다가 멀찍이서 보이고, 동산 위로는 청명한 바닷바람이 불어왔습니다. 학생 한두 명이 보이는 학교 사이로 촬영을 위해 들어선 순간 이번에도 어김없이 동네 주민들이 막아섰습니다. 학생들에게 피해가 갈까 우려하는 그 마음을 모르는 바는 아니었지만, 취재를 해야 하는 입장에서는 곤란했습니다.

한참 동안 이어진 실랑이 끝에 겨우 홍도분교에서 일하는 여선생님을 만날 수 있었습니다. 섬마을 학교에서 생활하는 것이 어떤지, 어려운 점은 없는지 짧은 시간 물어보았습니다. 선생님은 이 모든 상황이 긴장되는지 '인터뷰를 하지 않겠다, 나는 별다른 어려움이 없다'는 말만 반복하고 빠르게 학교 안으로 사라졌습니다.

왜 이런 일이 일어났을까

저는 모든 욕심을 내려두고, 섬마을 주민과 함께 터놓고 이야기만 해봐도 좋겠다는 마음이 들었습니다. 그날 저녁 홍도개발위원장과 이야기를 나눴습니다. 여러 이야기 가운데 가장 먼저 나온 것은 섬 특유의 문화였습니다.

육지와의 교류가 원활하지 않은 섬마을에는 섬마을 고유의 전통과 문화가 있습니다. 작은 공간 안에서 생활하다 보니 누가 어디서 무엇을 하는지 주민 모두 속속들이 알고 있습니다. 그런 가운데 외지 사람이 들어오면 그 사람은 일단 주목의 대상이 됩니다. 섬 주민도 선생님도 서로 어떻게 대해야 할지 어색하고, 불편하고, 어려울 수밖에 없습니다. 마음을 터놓고 서로에 대해 이해할라 치면 선생님은 다시 육지로 나가야 합니다. 가까이할 수도 그렇다고 멀리할 수도 없는 사이다 보니, 주민과 선생님 사이에는 묘한 골이 생길 때도 있습니다. 이런 문제를 해결할 수 있도록 공식적인 방법으로 정기 모임을 갖거나, 서로를 이해할 수 있는 자리를 마련하자는 의견도 나오지만 실천하기란 쉽지 않습니다.

이번 섬마을 여선생님의 비극도 어찌 보면 공적이고 정상적인 절차를 거쳐 서로 간에 소통하는 방법이 없었던 환경 속에서 비롯된 것이 아닌가 하는 생각도 들었습니다. 술 한잔하자, 얘기 좀 하자는 마을 주민의 강권을 여교사가 거절할 방도가 있었을까요? 우리는 이제껏 섬이라는 공간, 혹은 오지에서 일하는 여러 공공기관 종사자의 삶에 너무 무관심했던 것은 아닐까요?

두 번째 문제는 무엇보다 섬마을이 치안의 사각지대에 놓여 있다는 점이었습니다. 현재 우리나라에는 3,677개의 섬이 있습니다.

이 가운데 유인도는 480여 개. 하지만 전체 유인도 가운데 경찰관서가 있는 곳은 120여 개에 불과합니다. 유인도 4개 가운데 1곳에만 경찰관서가 있는 셈입니다.

이번에 사건이 일어난 신안군에도 백여 개의 섬에 4만 명이 넘는 주민이 살고 있지만 단독 경찰서가 없습니다. 목포경찰서 산하에 있는 15개 파출소, 90여 명의 인력이 신안군의 치안을 책임지고 있습니다. 이런 상황이다 보니 한 섬에 상주하는 경찰관은 한두 명에 불과합니다. 섬마을의 치안은 늘 불안정한 겁니다.

제가 섬에서 근무하는 선생님이 됐다고 생각해봤습니다. 내가 있는 마을에 경찰서가 없다, 도움을 청할 곳이 마땅치 않다. 어떤 마음이 들까요? 서울 중심, 대도시 중심의 사고에 익숙한 우리는 외진 곳의 치안에는 투자와 지원을 아껴온 것이 아닐까요?

삽시도, 삽시도,
그리고 따뜻함

　　　　　　　　　이런 여러 복잡한 마음을 치유해준 곳은 바로 충남 보령 삽시도에 있는 삽시분교였습니다. 불미스러운 일로 시끄러운 요즘, 섬에서 일하고 있는 선생님들의 일상을 화면에 담아 방송하겠다는 요청에 응하는 학교는 아주 드물었습니다. 하지만 놀랍게도 오천초등학교 삽시분교 교장 선생님이 저의 이 제안에 동의해주었습니다. 전교생 11명에 선생님은 세 명에 불과한 작은 학교. 이 학교 선생님들과 학생들은 어떻게 생활하고 있을지 빨리 만나보고 싶었습니다. 전 국민이 경악하고 있는 이런 끔찍한 사건이 일어난 섬마을 학교가 아닌, 따뜻하고 평범하게 살아가고 있는 가장 '보통'의 섬마을 학교를 어서 취재하고 싶었습니다.

　　충남 대천항에서 배를 타고 두 시간을 간 끝에 만난 삽시분교. 아이들은 아이들입니다. 외지에서 온 사람이 궁금하고, 카메라가 신기하고, 이 사람들이 촬영하는 내용이 무작정 흥미로웠던 모양입니다. 도시에서 자고 나란 저에게 작은 시골학교의 수업 모습은 무척 낯설었습니다. 한 학급에 많아야 다섯 명, 아니면 두어 명이 같이 앉아 있습니다. 물론 아이들 사이의 학년도 달라서 선생님은 학생들 사이를 오가며 통합해서 가르칠 수 있는 것은 함께 가르치고, 따로 가르쳐야 할 것은 따로 가르칩니다. 제가 보기엔 이 모습이 참 낯선데 아이들은 그렇지 않은 모양이었습니다. 열심히 그림도 그리고, 노래도 부르고, 수학 문제도 곧잘 풉니다. 그리고 무엇이 그렇게 웃기고 재밌는지 선생님의 작은 농담에도 까르르 뒤로 넘어갈 듯이 웃습니다.

그렇게 수업이 끝나면 학원으로 가는 것이 아니라 야외수업을 하러 바다로 나갑니다. 그리고 '가장 예쁜 조개껍질 찾기 놀이'를 합니다. 해변으로 뿔뿔이 흩어져 조개껍데기를 찾는 모습이 얼마나 귀여운지, 멀찍이 서서 바라보는 데도 웃음이 절로 났습니다. 그 속에 세 명의 선생님이 있었습니다. 윤완희 선생님, 김선영 선생님, 김태환 선생님. 홍일점 김선영 선생님은 유치원 교사였습니다. 두 명뿐인 유치원 아이를 정성으로 돌보는 선생님입니다.

선생님이 살고 있는 관사로 가봤습니다. CCTV도 방범창도 없는 건물. 10평도 안 되는 원룸에 간단한 세간살이만 들여놓은 단출한 방 안. 주말마다 먹을거리를 모두 육지에서 싸와야 하는 바람에 저절로 간단한 식사만 고집하게 된다며 웃는 선생님 앞에서 저는 잘 웃을 수가 없었습니다. 관사가 오래되어 리모델링을 하고 싶지만, 쉽사리 지원 비용이 내려오지 않아 고민하고 있다는 교장 선생님의 말씀에 더 마음이 아팠습니다. 이런 환경이니, 그런 있어서는 안 될 사건이 일어난 것이 아닐까 싶어 더욱 안타까웠습니다.

김선영 선생님께 물어봤습니다. 어떤 점이 가장 보람되고, 어떤 마음으로 섬마을에 와서 근무를 하고 있냐고 말입니다. 선생님은 답했습니다.

"섬마을이라고 해서 딱히 다를 건 없어요. 그래도 섬마을 아이들이 육지 아이들에 비해 더 순수한 면은 분명히 있죠. 유치원 아이들을 돌보면서 늘 느끼는 건데 이 아이들은 이 시간을 나중에 커서 기억을 잘 못해요. 초등학교 아이들이랑은 또 천지 차이거든요. 그럼 나를 기억도 못하는 이 아이들을 위해서 나는 어떤 마음으로 일해야 할까 생각해보는데 결론은 이거예요. 나를 기억 못하면 어때. 그냥 나중에 커서 아이들이 그때 그 선생님이랑 참 재밌었어, 진짜 재밌었어. 이렇게만 말해주면 그것만으로도 제 교사 생활은 의미가 있는 것 같아요."

쑥스럽게 말하는 선생님의 눈빛에서 다른 사람에게서 쉽사리 만나기 힘든 순수함을 느낄 수 있었습니다. 이 아이들도 아마 커서 그렇게 생각하게 되겠지요?

'그때 그 선생님하고 무슨 말을 했는지는 잘 기억이 안 나는데, 하여튼 무지 재밌었던 것 같아. 너무 행복했던 것 같아. 참 고마워.'

인간이 인간에게 행복한 기억을 준다는 건 쉬운 일이 아닐 겁니다. 아니, 다른 사람의 인생에 행복의 조각으로 남는다는 것은 정말 기적 같은 일이지요. 그런 면에서 섬마을 선생님들은 이 작은 공간 안에서 또 다른 기적을 만들어내고 있는지도 모르겠습니다. 그 기적을 현실로 만들어주기 위해 우리 사회는 더 나은 방안을 만들어내어야 합니다.

섬마을 선생님을
지키려면

　　그날 밤 저는 삽시도 섬마을 선생님들과 저녁 식사를 같이했습니다. 술을 못하는 저는 밥만 많이 먹었고, 물론 선생님들과 촬영기자는 술 한잔을 걸쳤습니다. 은근 슬쩍 물었습니다. 섬에서 근무하면 수당이 얼마나 나오는지 말입니다. 액수를 듣고 깜짝 놀랐습니다. 선생님들이 받는 도서벽지 수당은 한 달에 3만 원에서 6만 원 정도에 불과했습니다. 그러면 가산점을 얼마나 받는지도 물어봤습니다. 선생님들은 지난 몇 해 동안 규정이 바뀌어 이제는 굳이 도서 지역에서 근무하지 않더라도 승진 가산점을 채울 수 있는 방안이 대폭 늘어났다고 말입니다. 또 각 지역 교육감의 재량에 따라 가산점 항목은 얼마든지 바뀔 수 있는데 이번에 사건이 일어난 전라남도도 그렇고, 자신들이 일하고 있는 충청

남도도 그렇고, 도서 지역 가산점 혜택이 사실상 없는 상황이라고 말했습니다. 이런 상황이라면 초임 교사가 떠밀리듯 도서 지역으로 가게 되는 현상을 막기는 더욱 어려워질 것입니다.

선생님들의 말을 들으며 안타까웠습니다. 근무 여건이 열악할수록 더 많은 혜택을 주고, 이에 따라 더 열의가 있고 능력 있는 선생님이 섬마을로 온다면 얼마나 좋을까요.

그렇게 선생님들과의 얘기를 뒤로 하고 삽시도 민박집 방 안에 누우니 마음이 조금은 먹먹해졌습니다. 기자 일을 하는 것의 가장 큰 장점은 내가 가보지 못한 공간, 내가 만나지 못한 사람들의 얘기를 보고 들으며 얻는 깨달음이 참 많다는 데 있지요. 이 섬마을에 이런 선생님들, 이렇게 귀여운 아이들이 살고 있을지 또 누가 알았겠습니까. 그리고 그들도 나름의 일상 속에서 치열하게 고민하며 살고 있었을지 어찌 알았겠습니까. 이분들이 행복하기를 바라는 마음이 간절했습니다. 이번 사건과 같은 비극이 두 번 다시 생기지 않기를, 그리고 상대적으로 소외된 공간에 있는 도서벽지의 아이들, 그리고 선생님들이 이번 사건 이후에는 조금이나마 밝게 웃을 수 있기를 진심으로 바라며 삽시도에서의 밤이 저물어 갔습니다.

기사를 쓰는 내내 고민을 많이 했습니다. 이 리포트를 어떻게 만들 것인가. 섬마을 선생님들의 열악한 처우를 담아내기는 해야겠는데, 이미 전 국민이 다 아는 사건을 또 재탕, 삼탕으로 보도하자니 그런 일은 큰 의미가 없는 것 같았습니다. 다만 제가 할 수 있는 일은 섬마을 선생님들이 어떤 환경에서 일해왔는지, 실제 어떤 어려움을 겪고 있고 그 속에서 어떤 보람을 느끼고 있는지 있는 그대로 보여주는 수밖에 없었습니다. 그런 이야기를 흑산도나 홍도에서 직접 들을 수 있었으면 좋았겠지만, 매우 예민해져 있는 주민들을 상대로 제가 할 수 있는 취재의 범위가 정말 제한적이었기 때문에 그런 이야기는 삽시분교 선생님들의 모습을 통해서 담아내게 되었습니다. 이 학교 선생님들과 아이들의 따뜻함이 그대로 잘 전해질까 고민하면서도 화면 속 아이들의 모습이 너무 밝고 사랑스러워서 보람 있게 방송을 만들었습니다.

방송이 나간 이후 삽시분교 선생님들과 반갑게 통화했습니다. 선생님들은 '방송이 어떻게 나갈지 걱정을 많이 했는데 참 고맙다'고 말했습니다. 선생님들은 혹여나 삽시분교가 흑산도 사건과 관련지어 나쁜 내용으로 그려지지 않을까 마음을 많이 졸이셨던 것 같았습니다. 따뜻한 섬마을을 그리기 위해 삽시분교를 찾은 것이라고 여러 번 말씀드렸지만, 마음을 놓기가 쉽지 않으셨던 모양입니다.

저는 방송 이후 길을 걷다가도 때때로 삽시분교 아이들이 떠올라 웃음 짓게 됐습니다. 바닷가 마을에서 조개 주우며 수업을 받던 아이들의 해맑은 모습을 잊기가 어려웠기 때문입니다. 언젠가 시간이 되면 다시 놀러가겠다고 약속했는데, 그 약속을 언제 지킬 수 있을지 모르겠습니다.

홍도 취재를 도와주시고, 지친 저희 취재진에게 따뜻한 위로의 저녁을 해주셨던 홍도 개발위원장님과도 인사를 나누었습니다. 홍도 안에는 대중교통 수단이 없어 위원장님의 화물용 오토바이를 타고 섬 안을 돌아다녔었습니다. 그 오토바이가 없었다면 꼼짝없이 저희 취재진은 무거운 장비를 들고 섬을 헤매야 했을 겁니다. '선생님들은 뭐라 말할 수 없는 존경의 대상이죠. 늘 대하기 어려운, 그런.' 위원장님의 순박한 인터뷰 너머로 섬마을 선생님들의 보람과 어려움이 고스란히 느껴지는 듯했습니다. 외지에 나와 아이들을 가르치는 것은 정말 고되면서도 보람된 일이겠지요. 그 과정에서 부디 또 다른 피해 선생님이 나오지 않기를 바라며 섬마을 선생님 취재는 끝이 났습니다.

혼자 살기도 힘든
'청년들'의 미래

우리 사회에 '청년'은 언제부턴가 시대의 아픔을 상징하는 단어가 되어 버렸습니다. 그만큼 기자들에게도 청년이라는 화두를 어떻게 뉴스 속에서 적확하게 풀어내야 할지가 큰 과제였습니다. 저도 예외는 아니었습니다.

취재파일k에 있는 동안 참 많은 청년을 만났습니다. 2015년 양띠 해, 처음 문을 열면서 양띠 해에 태어난 청년 네 명을 만났습니다. 또 2015년 가을에는 취업 시즌을 맞아 취업 문 앞에서 좌절하고 고민하고 있는 청년도 만났습니다. 20대 중반의 나이, 그들이 풀어놓는 절절한 고민을 들으며 참 마음이 아팠습니다. 또 다른 한편으로는 그렇게 고된 환경 속에서도 쉽게 좌절하지 않는 젊은이 특유의 신선한 에너지에 가슴 벅차기도 했습니다.

이 두 편의 글은 제가 만난 젊은이들에게 보내는 응원의 메시지입니다. 앞으로 이 젊은이들도 나이를 먹고, 어른이 되고, 또 다른 인생의 어려움을 겪어 나가겠지요. 미래에 또 다른 인생의 고비를 만나더라도 지금처럼 꿋꿋하게 헤쳐 나갈 수 있기를 간절히 바랍니다.

12

취업 준비만 하다 청춘이 흘러가다 — 취업 준비생

[2015 가을 취업 준비생의 초상 2015년 10월 25일 방송]

청년을 은유하는 단어는 정말 많습니다. 연애, 결혼, 출산을 포기한 요즘 젊은 세대를 가리켜 3포 세대라고 하지요. 여기에 취업과 주택 구입, 인간 관계와 희망까지 포기했다고 해서 7포 세대라는 말까지 나오고 있습니다. 헬조선, N포 세대 등 청년에게 한국이라는 땅은 언제부턴가 정말 살기 버겁고 힘든 곳이 되어 버렸습니다.

기업의 하반기 공채가 한창인 가을, 청년들은 어떤 고민을 하고 있는지 정말 궁금했습니다. 일을 하고 싶어도 제대로 된 직장을 구하지 못하고 있는 청년이 110만 명에 달한다는 통계를 볼 때마다 숨이 막혀왔습니다. 2015년 가을, 취업 준비생의 초상을 절절하게

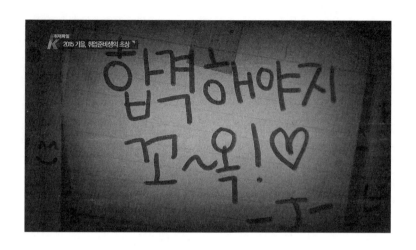

그리겠다는 목표로 저는 섭외에 나섰습니다.

아르바이트만 10여 개
시간도 돈도 부족하다

예상보다 섭외는 쉽지 않았습니다. 자신의 어려운 얘기를, 그것도 취업이 잘 안 되는 얘기를 방송에서 한다는 것이 쉽지 않은 일이겠지요. 청년들은 저마다 다른 사연을 가지고 치열하게 살고 있었습니다. 한번에 적게는 대여섯 개, 많게는 10여 개의 아르바이트를 하고, 취업 스터디를 부지런히 뛰어다니며, 토익 학원에서 때로는 면접 학원에서 젊음을 불태우고 있는 청년들의 사연을 듣고 있자니 마음이 절로 짠했습니다. 그렇게 청년들과 수십, 수백여 통의 전화를 하다가 선뜻 카메라 앞에서 자신의 취업 스토

2015 가을, 취업준비생의 초상

면접 잘 봤어요?
기분이 좋았는데도 떨어지더라고요. 결과는 끝까지 기다려봐야 알 것 같습니다.

리를 얘기하겠다는 청년을 만났습니다. 벌써 수십 번도 더 취업에
서 떨어졌다는 형재 씨였습니다.

그를 처음 만난 곳은 한 휴대폰 대리점업체였습니다. 그는 그곳
에서 아르바이트를 하고 있었습니다. 이제까지 해본 아르바이트만
20여 개라는 형재 씨. 5학년 2학기째 학교를 다니며 취업을 준비하
고 있었습니다. 학교 다니면서 취업 준비하고, 아르바이트까지 하는
일상이 쉽지 않을 텐데 그는 연신 웃었습니다. '집에 손 벌릴 입장
은 아니라서요. 자력갱생해야 됩니다'라고 말하는 그는 익숙한 태
도로 손님과 상담하며 휴대전화를 팔고 있었습니다.

그의 '스펙'은 결코 나쁘지 않았습니다. 서울 시내에 있는 4년제
대학의 경영학과, 해외 교환학생도 다녀왔고, 학점은 3.0이 넘습니
다. 토익도 900점입니다. 하지만 서류 전형에서 낙방하기 일쑤였습

니다. 곁에서 듣는 제가 더 답답할 지경이었습니다. 도대체 그는 왜 자꾸 취업에 실패하는 것일까요? 우리 사회는 왜 이렇게 양질의 일자리가 부족한 걸까요?

학비와 생활비를 스스로 벌어가며 숨 돌릴 틈도 없이 달리고 있는 형재 씨. 취업 준비 과정에서는 돈과 시간이 곧 경쟁력인데, 그에게는 둘 다 절대적으로 부족해보였습니다. 취재하는 과정에서 그는 코이카 인턴 면접도 보았습니다. 계약 기간은 6개월에 불과하고, 향후 정규직으로 전환된다는 보장이 있는 것도 아니었지만 그는 그런 인턴 자리라도 구해야 한다고 생각하는 것 같았습니다.

그와 함께 학교 캠퍼스를 걸었습니다. 그는 학비와 생활비를 스스로 벌어가며 열심히 생활하고는 있지만, 취업 준비 과정에서는 돈과 시간이 부족한 것이 큰 부담으로 다가온다고 말했습니다.

"설거지 아르바이트하면서 돈 모으면… 시급이 7천 원이라고 치면 10시간 하면 7만 원이잖아요. 10시간 일하면 토익 시험 한번 볼 수 있는 거죠. 스피킹 시험 한 번."

설거지를 하면서 그는 무슨 생각을 했을까요. 이런저런 돈 걱정 없이 취업 준비에만 몰두할 수 있는 '금수저' 청년을 부러워했을까요? 노력해도 문을 열어주지 않는 사회의 높은 문턱을 원망했을까요? 아니면 둘 다였을까요? 컴퓨터 앞에서 수십 개의 이력서를 회사별로 정리해놓은 그의 파일들을 함께 열어보고 있자니 마음이 더 안타까웠습니다.

고학력 취업 준비생이 넘쳐나는 시대

통계청 조사 결과, 우리나라의 청년 실업률은 2015년 2월 11%가 넘어 외환위기 이후 최고치를 기록했다가 지난달 들어 7.9%로 떨어진 것으로 나타났습니다. 하지만 취업준비생이 취업 현장에서 느끼는 체감 온도는 수치로 나타나는 것보다 훨씬 냉정합니다. 특히 형재 씨와 같은 고학력 구직자가 일할 곳은 갈수록 줄어들고 있습니다. 우리나라 전문대졸 이상 인력은 1,050만 명으로 10년 전보다 배 이상 늘었습니다. 고학력 인구가 늘어난 만큼 그들을 소화할 일자리도 늘었을까요? 상황은 좋지 않습니다. 대기업 정규직이나 근로자 평균 임금을 받는 상용직 등 이른바 양질의 일자리로 분류되는 숫자는 현재 600여만 개로, 10년 전보다 20%가량 느는 데 그쳤기 때문입니다.

사회가 변하고 산업 구조가 재편되어 가고 있는 가운데 우리 사회는 이에 대응할 만한 어떤 방안을 마련하고 있는 것인지 되묻지 않을 수 없습니다. 청년들은 앞으로 수십 년을 일해야 하는 상황입니다. 이들을 소화할 수 있는 일자리를 창출하려면 체계적이고 지속 가능한 중장기적인 대안을 만들어내야 할 것인데, 이런 문제에 깊이 있는 고민은 보이지 않고 임시방편만 쏟아져 나오고 있기 때문입니다.

2015년 7월 정부가 내놓은 청년 고용절벽 해소 종합대책을 살펴봤습니다. 정부는 20만 개가 넘는 신규 일자리를 만들어냈다며 대대적으로 선전했습니다. 그러나 실상을 들여다보니 새로 생긴 일자리 가운데 절반 이상은 청년 인턴 등 임시직 일자리였습니다. 두 팔을 걷어붙이고 적극적으로 양질의 일자리를 창출하기 위해 노력해도 모자란 시간에 정부는 임시직, 비정규직을 늘리는 정책을 만드는 것으로 높은 실업률을 눈가림하려 하고 있습니다. 청년들의 고민은 깊어질 수밖에요.

나는 흙수저인가?

형재 씨의 사정은 '그나마' 나은 편입니다. 모든 사람이 형재 씨처럼 서울 시내의 4년제 대학을 나올 수 있는 것은 아닙니다. 그런 청년도 소수입니다. 어려운 형편 탓에 대학을 가지 못하고 스스로 길을 찾아나서야 했던 김영 씨. 호주에서 워킹홀리데이를 하고 돌아온 그는 현재 취업을 준비하고 있었습니다. 고향은 지방이지만 서울이 아무래도 정보가 많을 것 같아서 상경했습니다. 팍팍한 고시원 생활. 정신없이 아르바이트를 하고, 공부를 하고, 구직을 하는 생활의 연속이지만 그래도 아직 젊으니까 기회는 있다고 생각했습니다. 평소 외식 분야에 관심이 많아서 주로 호텔이나 레스토랑 등 관련 분야 아르바이트에 지원해왔습니다. 외식 업체니 때때로 맛있는 음식도 먹어가면서 경험도 쌓고 돈도 벌 수 있을 것이라고 믿었습니다. 하지만 그의 이런 생각은 희망에 지나지 않았습니다. 아르바이트를 하면 최저임금조차 지켜지지 않기가 일쑤였고, 근로 조건이 당초 계약과 다른 경우도 많았습니다. 지난해 근무한 한 호텔에서는 근로 조건을 알려달라고 했다가 다음 날 바로 해고당하기도 했습니다. 그는 호텔 측의 대응이 다분히 감정적이라는 생각이 들어 정식으로 노동청에 신고했습니다. 힘없고 가진 것 없는 청년은 이렇게 함부로 해고해도 되는 것인가. 그는 억울한 눈물을 삼켜야 했습니다.

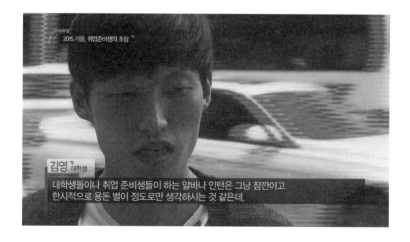

자료파일
2015 가을, 취업준비생의 초상

김영 대학생

대학생들이나 취업 준비생들이 하는 알바나 인턴은 그냥 잠깐이고
한시적으로 용돈 벌이 정도로만 생각하시는 것 같은데.

통계청의 조사를 살펴봤습니다. 청년층 일자리 가운데 시간제 일자리의 비중은 지난 2007년 7.6%에서 2015년에는 15.1%로 배 가까이 늘어난 것으로 나타났습니다. 구직자는 많고 양질의 일자리는 적은 상황. 청년들은 갈수록 질이 낮은 일자리, 더 열악한 노동조건으로 내몰리고 있는 겁니다. 취업을 준비하는 과정에서 당장 돈이 필요하다 보니 시간제 일자리, 한마디로 아르바이트나 비정규직 일자리로 내몰리게 되고, 임시직이었던 그 일자리에서 끝내 벗어나지 못한 채 젊음을 다 보내기도 한다는 뜻입니다.

취업문 앞에서 고생하는 정도는 집안 사정이 어려울수록 그리고 학력이 낮을수록 더 심했습니다. 돈과 시간. 취업 준비생에게 필요한 이 두 가지 조건은 부모의 경제력과 직결되는 경우가 많으니, 가난과 빈곤의 챗바퀴는 상당 부분 대물림된다는 것을 인정하지 않으려야 않을 수 없었습니다. 가난해도 부모님이 경제적으로 넉넉하지 않아도 자신의 인생을 위해 도전할 수 있는 기회만은 공평하게 가질 수 있어야 할 것인데, 우리 사회는 이런 기회를 나눠 갖는 것조차 원천적으로 봉쇄하고 있는 듯합니다. 대학 등록금은 해마다 오르고, 고등학생과 대학생을 막론하고 그들이 감당해야 하는 사교육 시장은 갈수록 커지고 있습니다. 개인이 아무리 노력해도 도저히 뛰어넘을 수 없는 벽이 존재하고, 그 벽 앞에 청년들은 좌절하고 자신은 '흙수저'라며 자조하기 시작합니다.

고졸도 괜찮다고
하지 않았나요?

　　　　　　　　이런 가운데 고등학교를 졸업하고 바로 취업 전선에 뛰어든 준호 씨를 만났습니다. 그도 제가 만난 다른 청년처럼 무척 바지런했습니다. 집안 형편을 고려해 스스로 특성화 고등학교에 진학했습니다. 고등학교 전공을 살려 바로 취업을 하려 했지만 잘되지 않았습니다. 그래서 일단 공기업 인턴 자리에 지원해 일을 시작했습니다. 고졸 특별 채용을 하는 공기업에 취직하는 것을 목표로 공부하고 있지만 그 길도 만만치 않습니다.

　고등학교만 졸업해도 부지런히 준비하면 취업은 어렵지 않을 것이라고 믿었는데 현실은 가혹했습니다. 공공기관, 대기업, 중소기업을 가리지 않고 100여 곳의 기업에 원서를 냈지만 모두 낙방했습니

다. 지원 자격만 고졸로 해놓고 대졸과 경쟁하는 경우도 많았고, 어학 성적이 최소 대졸 기준만큼 있어야 지원이 가능하다든지 하는 여러 부가 기준도 많았기 때문입니다.

해마다 바뀌는 공채 제도에 대비하는 일도 만만치 않았습니다. 영어 시험, 각종 자격증은 기본이고 올해부터는 NCS, 국가직무능력표준 시험도 준비해야 하기 때문입니다. 생활만 하기에도 빠듯한 월급, 이 월급을 쪼개고 또 쪼개 취업을 위한 교육비용을 지불해야 하는 현실 속에서 준호 씨는 좌절하고 있었습니다. 그는 말했습니다.

"두렵지만 해야 한다는 강박 때문에 계속 도전합니다."

대학에 진학하지 않고 곧바로 취업에 도전하는 고졸 취업 도전자는 해마다 60만 명이 넘는 것으로 나타났습니다. 하지만 중견 기업 이상의 경우 대졸자의 서류 합격률은 26%인 반면, 고졸자는 그 절반에 불과할 정도로 높은 고용 장벽에 부딪히고 있습니다. 고등학교만 졸업해도, 대학 졸업장이 없어도 자신의 적성만 잘 살려 도전하면 된다는 말은 실상 들여다보면 빛 좋은 개살구에 불과했습니다.

꿈꿀 수 있는
용기

미래의 꿈을 위해 현재의 행복을 잠시 접어
둔 청년 구직자들. 이들의 삶을 들여다본 2주 동안의 시간은 제게
도 또 다른 도전이 되었습니다. 미래는 불투명하기만 하고 지금 올
바른 방향으로 가는 것인지, 지금 하고 있는 노력이 그만한 가치가
있는지 때때로 회의가 들기도 한다는 청년들의 토로 앞에서 위로
의 말을 찾기가 어려웠습니다.

해결책은 없는 것일까. 전문가들은 우리 사회에 양질의 일자리를
늘릴 수 있는 방안을 각기 다르게 제시하고 있습니다. 이미 우리 사
회는 2차 산업 중심의 제조업에서는 일자리를 더 창출하기 힘든
사회 구조니 사회적 일자리를 적극적으로 만들어야 한다는 의견,

위재판일
2015 가을, 취업준비생의 초상

비정규직의 처우를 개선하고 장기적으로 비정규직을 대폭 줄이는 방안으로 일자리의 체질을 개선해야 한다는 의견, 기성세대가 기득권을 내려놓고 일자리 나누기에 앞장서야 한다는 의견 등 해법은 다양합니다. 하지만 무엇보다 중요한 것은 벼랑 끝으로 내몰리고 있는 취업 준비생들에게 생색내기만 하고 있는 현재 기성 세대의 태도를 바꿔야 한다는 데 있습니다. '눈높이를 낮춰라.' '젊어서 고생은 사서도 한다.' 이런 말은 결코 해법이 될 수 없습니다. 청년들이 노력을 하지 않거나 눈이 높아서 실업 상태인 것은 아니기 때문입니다.

청년들에게 진짜 희망을 줄 수 있는 해법을 언제쯤 우리 사회가 내놓을 수 있을지 현재로서는 막막하기만 합니다. 자신이 아무것도 이룰 수 없다는 열패감, 노력해도 안 된다는 좌절감. 이런 아픔에서

©권우철
2015 가을, 취업준비생의 초상

벗어나기 힘든 청년들의 마음을 우리 사회가 어루만져줄 필요가 있습니다. 가난해도, 가진 것이 없어도 열심히 노력하면 공정한 기회를 가질 수 있다는 가장 평범한 '인생의 룰'이 우리 사회에서 지켜질 수 있다는 것을 청년들에게 보여주어야 하지 않을까요?

2015년 가을 취업 준비생들과 만난 시간은 저의 인생에 있어서도 참 뜻 깊은 시간이었습니다. 저 역시 취업문 앞에서 좌절하고, 고민하고, 도서관 한 구석에서 눈물을 삼켰던 날들이 많았기 때문에 취업을 준비하는 학생들의 사연이 남일 같지 않았습니다. 무조건 위로를 하기에는 너무 현실이 가혹했고, 다른 한편으로 함께 사회에 대해 분노를 하기에는 청년들 앞에 놓인 상황이 정말 절박하고 다급했습니다.

양질의 일자리를 만들고자 한다는 정부의 구호가 비정규직 늘리기에 지나지 않는다는 것이 사뭇 실망스러웠습니다. 사회가 청년들에게 '왜 노력하지 않느냐? 더 열심히 노력해라'라고 말하는 것 자체가 위선이요, 책임 회피라는 생각도 들었습니다.

그렇게 프로그램이 방송된 이후, 제가 취재했던 청년들은 과연 취직을 잘했을지 궁금하고 걱정됐습니다. 그러던 지난겨울, 형재 씨는 국내 한 대기업에 취직했다는 기쁜 소식을 전해왔습니다. 취직을 하면 꼭 맛있는 밥을 한번 사겠다던 형재 씨는 정말 약속을 지켰습니다.

고졸 취업자의 어려움을 취재하며 만났던 준호 씨는 다니던 공기업 계약 기간이 끝난 뒤 KBS에 아르바이트 사원으로 들어왔습니다. 복도를 지나면서 만날 때마다 반가운 마음이 들었습니다. 공기업 취업에 목표를 두고 있는 준호 씨가 언젠가는 꼭 꿈을 이룰 수 있기를 바랍니다. 오늘도 취업에 힘쓰고 있을 이 땅의 모든 청년들을 진심으로 응원합니다.

13

정상에서
벗어나면 안 되나요? – 청년들의 방황과 도전

[2015 양띠 청년들의 도전 2015년 1월 4일 방송]

'돈 때문에 꿈을 포기하는 일만은 없었으면 좋겠어요'

2004년 12월 최강 한파가 불어닥친 어느 날, 명동 거리 한복판에서 선동진 씨를 만났습니다. 가수가 꿈인 대학생인 그는 악보 대신 호두과자를 손에 쥐고 있었습니다. 호두과자 시식 아르바이트에서 보컬 레슨 아르바이트까지 그의 하루는 길었습니다. '안 해본 아르바이트가 없다'는 동진 씨. 추운 날씨도 아랑곳없이 관광객들 손에 호두과자를 건네고 있었습니다.

시급 5천여 원. 네 시간을 저렇게 서 있으면 2만 원을 받는구나.

그의 가계부를 들여다봤습니다. 한 달에 틈틈이 아르바이트를 해서 버는 돈이 50만 원에서 70만 원 사이. 교통비가 한 달에 10여만 원, 식비가 한 달에 15만 원. 휴대전화 요금이 5만여 원. 나머지는 용돈. 그는 저 아르바이트를 해서 자기 생활을 감당할 수 있을까. 걱정이 됐습니다. 한창 사고 싶은 것도, 먹고 싶은 것도 많을 나이인데 학교 식당이 아닌 다른 곳에서 몇 번 밥을 먹고 나면 남는 것도 없다고 말하는 그의 어깨가 한껏 무거워 보였습니다.

양띠 해를 맞아 1991년 양띠 해에 태어난 청년 네 명을 만났습니다. 올해 스물다섯 대한민국의 청년은 무슨 생각을 하고 있을까. 어떤 고민을 짊어지고 있을까. 등록금 때문에 고민하고, 집이 없어한숨 쉬고, 일자리를 찾느라 고민하는 '가장 보통의 청년' 네 사람을 만났습니다.

집을 마련할 돈이
없어요

아르바이트를 끝낸 동진 씨는 집으로 가지 않았습니다. 본가는 경기도 수원에 있어서 아르바이트를 마치고 들어가기엔 너무 멀었기 때문입니다. 대신 같이 음악 작업을 하는 형이 사는 집으로 향했습니다. 일터도, 음악 작업실도, 만날 사람도 모두 서울에 있습니다. 수원에서 서울까지는 지하철로 2시간. 일이 늦게 끝나거나 음악 작업이 늦어지면 도저히 집에 들어갈 수가 없지만, 그렇다고 수십만 원의 월세를 감당하며 서울에서 자취방을 구할 수도 없습니다.

아는 형의 집은 서울시 미아동에 있는 옥탑방이었습니다. 어두운 골목길과 가파른 비탈길을 지나 아슬아슬한 계단을 몇 차례나 오른 끝에야 형의 집에 도착했습니다. 남의 집에 얹혀 하루씩 숙식을 해결하는 것이 힘들지는 않을까. 동진 씨는 말합니다.

"엄동설한에 떨지 않을 수 있는 것만으로도 감사하다."

정부가 제공하는 대학생 임대주택이나 행복주택에 지원해보면 어떠냐고 물었습니다. 하지만 그는 고개를 내저었습니다. 정부에서 해준다는 것들은 지원 기준도 까다롭고, 경쟁률도 높으니 엄두를 내기 어렵다는 겁니다. 등록금 빚은 이미 천여만 원이 넘었고, 그렇게 대학을 졸업한다 해도 미래가 보장되는 것도 아닌 상황. 그는 이 상황을 어떻게 헤쳐 나갈 수 있을까요? 학자금 대출액이 적혀 있는 영수증을 보여주며 그는 말합니다.

"대학 졸업장은 5천만 원짜리 영수증인 것 같다."

청년이 감당하기에는 너무 비싼 대학 졸업장. 그렇다고 안 나오자니 이제까지 낸 등록금도 아깝고, 앞으로의 사회생활도 녹록치 않을 것 같아 끝까지 버티기는 하는데 언제까지 버틸 수 있을지 알수 없는 상황입니다. 이런 상황을 진퇴양난이라고 부르는 것일까요. 그는 어마어마한 빚을 진 채로 사회에 첫 걸음을 내딛게 될 자신의미래가 벌써부터 두렵습니다.

졸업
그 이후

　　　　　　　　대학을 졸업한 청년의 처지는 어떤지 졸업을 앞둔 최진아(가명) 씨를 만났습니다. 그녀는 울산에 삽니다. 진아 씨 집에는 정성껏 작업한 건축 설계 모형과 그녀의 포트폴리오가 어지럽게 흩어져 있었습니다. 그녀는 옷가지 몇 개, 책 몇 권, 이렇게 단출하게 이삿짐을 꾸리고 있었습니다. 취업을 하기 위해 서울행을 결심한 상태였기 때문입니다.

　그녀는 울산에서 태어나 자랐고, 울산에서 대학을 나왔습니다. 지난해 수십 군데의 회사에 취업 원서를 넣었지만 결과는 모두 불합격이었습니다. '이 회사는 되겠지' 하는 마음에 넣었다가 떨어지고 또 떨어지고, 이 상황이 반복되는 것이 견딜 수 없다고 말하는 그녀의 눈빛이 흔들렸습니다. 일단 비정규직이나 인턴으로라도 일자리를 구해야겠다고 결심했고, 그런 자리조차도 서울에 있으니 서울로 가기로 결심했다고 말했습니다.

　그녀는 정말 바지런하게 대학생활을 했습니다. 학과 공부도 동아리 활동도 열심히 했고, 공모전에서 입상도 했습니다. 하지만 막상 취업을 하려니 자꾸만 자신이 작아진다는 진아 씨였습니다. 지방대학 출신이라는 부담감, 영어 점수나 학점, 어느 것도 특별히 뛰어나지 않은 상황. 그녀는 면접을 볼 때마다 심리적으로 위축됐습니다. 면접을 보는 회사의 인사 담당자는 대부분 서울에 있는 명문대학

출신 아니면 유학을 다녀온 사람이었습니다.

"그렇게 생각 안 하고 싶은데 학교 때문인가 하는 생각도 되게 많이 들긴 했어요."

그녀의 표정이 씁쓸했습니다. 그렇게 진아 씨는 취업이라는 이 높은 관문을 어떻게 넘어야 할지 고심하고 있었습니다.

우리나라 대학 진학률은 80%에 달합니다. 하지만 대학 졸업생 다섯 명 가운데 한 명은 비정규직으로 사회생활을 시작합니다. '5천만 원짜리 영수증' 대학 졸업장을 가졌는데, 졸업과 동시에 대학 생활 동안 진 빚을 갚을 수 있는 사람은 소수입니다.

하지만 그녀는 정말 야무졌습니다. 어떻게 해서든 부모님께 도움을 받지 않고 스스로 앞날을 개척해보려고 노력하고 있었습니다. 그녀는 '민달팽이 유니온'이라는 청년주거협동조합을 통해 비교적

저렴한 가격에 서울에 집을 구했습니다. 그녀는 민달팽이 유니온 송년회에 참석해 또래 친구들을 만나 고민을 나누고, 함께 음식을 먹고, 밝게 웃었습니다.

"정권이 바뀌어도 달라지는 것은 없고, 이런저런 정책이 나와도 뭐가 좋아진 건지 하나도 모르겠다."

진아 씨는 또래 친구들과 스스로 문제를 해결해 나가는 방법을 찾아보겠다고 말했습니다.

빛과 함께 시작하는 사회생활을 피하고 싶었어요

동진 씨와 진아 씨를 만나고 난 뒤 이번에는 아예 대학 진학을 포기하고 자기 길을 찾아나선 근후 씨를 만났습니다. 빚이 부담스러워 대학을 포기한 근후 씨. 대학생도 대학졸업 예정자도 아닌 그는 자신의 자리에서 다른 고민을 하며 살고 있었습니다.

그를 만난 곳은 커피 향이 가득한 카페였습니다. 커피를 내리는 손길이 진지했고, 손님을 대하는 태도도 무척 깍듯했습니다. 그에게도 대학에 가지 않기로 한 결정은 쉬운 선택이 아니었습니다. 스무 살의 겨울. 수능도 봤고 서울에 있는 대학에 합격도 했습니다.

하지만 엄두가 나지 않았습니다. 한 학기에 5백만 원가량. OECD 국가 가운데 두 번째로 높은 한국의 대학 등록금.

'도저히 감당이 안 된다.' 이것이 그의 결론이었습니다. 미래에 고스란히 빚으로 남을 등록금 대출이 너무 부담스러웠습니다. 그의 형편으로는 학자금 대출 이자조차 버거웠습니다. 안타깝지만 대학 진학을 포기해야 했습니다. 지금도 남과 다른 길을 간다는 부담이 그에게 남아 있습니다. 그래서 사이버 대학에 다니며 대학원 진학을 준비하고 있습니다. 한국 사회에서 대학 졸업장 없이 살아갈 자신이 없지만, 다른 한편으론 그 졸업장을 '사기 위해' 져야 할 빚을 질 자신도 없었습니다.

이런 빡빡한 상황에서 그는 기특하게도 봉사활동도 하고 있었습니다. 이주 노동자 자녀를 돕는 기관에서 한 주에 한 번씩 바리스

타 교육 봉사활동을 하고 있는 모습을 보고 있자니 마음이 따뜻해졌습니다. 한국말도 서툴고, 학교 진학도 어려운 이주 노동자 자녀에게서 자신의 예전 모습을 발견하곤 한다는 그는 이렇게 말했습니다.

"어려운 환경의 사람들을 대할 때 저 사람이 노력을 안 해서 저럴 것이라고 생각하지 말았으면 좋겠어요. 저 사람도 저 사람 삶이 있을 것이고, 그 환경 속에서 이룰 수 없던 부분이 있었을 것이라고, 그렇게 생각해줬으면 좋겠어요."

우리나라에서 학자금 대출을 받은 대학생은 148만여 명. 대학생 10명 가운데 8명은 정부 학자금 대출로 대학에 다닙니다. 하지만 졸업과 함께 대출금을 갚을 수 있을 사람은 별로 없습니다. 학자금 대출을 연체한 청년의 숫자는 이미 8만 명을 넘어섰습니다. 그리고 이 가운데 절반은 6개월 이상 돈을 갚지 못해 '신용 유의자'가 되었습니다. 청년들의 고민이 깊을 수밖에 없습니다.

**스펙, 스펙… 치열한 경쟁이
너무 두려웠어요**

이런 한국이 너무 숨 가빠 외국으로 떠나

학자금 대출을 받는다고 했을 때 사회에 나와서 갚기 시작하는 거잖아요.
그런 부분도 적잖이 부담이기도 했고.

는 청년도 늘고 있습니다. 잠시나마 한국이라는 스펙 감옥에서 벗어나고 싶어 일본으로 떠나왔다는 현주 씨. 그런 그녀를 만나러 잠깐 일본에도 들렀습니다.

그녀는 다시 한국으로 돌아가서 맞이할 치열한 경쟁이 두렵다고 말했습니다. 그녀는 워킹홀리데이 비자로 건너와 일본 후쿠오카에서 관광 가이드 아르바이트를 하고 있었습니다. 항상 크게 말하고, 웃는 밝은 청년이었습니다. 한국으로 돌아가면 다시 취업이며 영어 공부며 뻔한 경쟁이 예정되어 있지만, 그녀는 일본에서 그런 현실을 잠시나마 잊고 싶은 듯했습니다. 새로운 곳에 가보고, 새로운 것을 먹어보는 것이 너무 좋다는 그녀를 보며 양띠 해 청년의 천진난만함을 그대로 느낄 수 있었습니다.

허름한 일본의 한 선술집. 그녀와 그녀 또래의 한국 청년들과 이런저런 얘기를 나누며 2주 동안 만나온 많은 양띠 해 청년들의 얼굴을 떠올렸습니다. 한국 안에서도 한국을 떠나서도 한국 청년들의 치열한 삶은 쳇바퀴처럼 계속되고 있었습니다.

미래를
꿈꾸고 싶다

돈 걱정 없이 공부하고, 자유롭게 뛰어다니고, 그렇게 대학을 졸업하면 바라는 바 꿈을 실현할 수 있는 삶. 2015년 현재를 사는 청년들은 그런 '보통의 삶'을 박탈당했습니다. 취재 과정에서 만난 한 교수는 말합니다.

"이미 우리 사회는 젊은이들에게, 아니 젊은이들뿐만 아니라 우리 사회의 대다수 소외 계층에게 적절히 분배해줄 물적 기반이 갖춰져 있다. 하지만 그 모든 사회적 분배의 요구를 더 빠르게 성장해야 한다는 미명하에 외면하고 있다."

그리고 덧붙였습니다.

"더 많은 세대 갈등, 더 큰 계층 갈등의 소용돌이 속에서 우리 사회가 가져야 할 것은 오직 연대와 분배의 정신이다."

이 말에 크게 고개를 끄덕일 수밖에 없었습니다.

아르바이트를 하는 거리에서, 추운 옥탑방에서, 취업 공고가 나붙은 대학 캠퍼스 안에서 오늘을 사는 청년들의 꿈과 좌절이 함께 자라고 있었습니다. 모든 공간에서 청년들의 고민이 깊었습니다. 하지만 정말 아이러니하게도 그 고민을 짊어진 청년들의 표정이 참 밝았습니다. 아직 젊기 때문인 거겠죠.

취재 마지막 날 동진 씨가 음악 작업을 하는 밴드 연습실로 향했습니다. 작업실은 춥고 허름했지만 그와 친구들은 사뭇 진지했습니다. 동진 씨는 이미 한 장의 앨범을 낸 적이 있었습니다. 동진 씨는 카메라 앞에서 자신의 대표곡을 불러줬습니다. 노래 제목은 〈7-20〉이었습니다.

너무 난 일찍 어른이 됐어.
아니 사실 그렇다고 믿고 있었지
그건 너무나 오만한 행동이었단 걸
이제야 깨닫게 되었네

TV 속 영웅만을 꿈꾸며
쓸데없는 돈과 시간을 낭비할 때
타인의 시선이 너무 높아져
닿을 수 없다는 걸 깨닫게 됐을 때

난 또 내 눈물에
나의 과거와 현재와 미래를 흐려놓고
결국 여전히 난 헛소리만 늘어놓게 되었어
아무것도 깨닫지 못한 채로 (노래 '7-20' 중)

일곱 살의 소년이 갑자기 스무 살 청년이 되어 버린 듯해서 그
변화가 버겁고 낯설다는 내용이지요. 너무 일찍 어른이 되어 버린
것 같은 스무 살의 청년은 자신의 과거와 현재와 미래를 생각하며
때로 눈물을 흘리기도 하는 거겠지요. 어릴 적 꿈꿔왔던 미래와 현
실이 너무도 다르다는 것을 깨달으며 한 걸음씩 내딛는 젊은이들.
자신의 대표곡을 열창하는 동진 씨의 얼굴 너머로 양띠 해 청년들
의 꿈과 희망, 좌절이 함께 보였습니다. 더 밝은 미래를 바라는 네
명의 청년들, 아니 우리 사회 모든 젊은이들의 도전은 그렇게 계속
되고 있었습니다.

네 사람을 만난 것은 제게 큰 행운이었습니다. 네 사람을 만난 2주 동안 저는 참 행복했습니다. 물론 네 사람 모두 정말 많이 고민도 하고 좌절도 하고 있었지만 청년 특유의 패기와 활기참이 분명히 있었습니다. 그 젊은 기운이 저를 행복하게 했습니다. 편집 과정에서 네 사람의 얼굴을 반복해서 보면서 웃고 울고 했던 기억이 납니다.

방송 이후에는 방송에 출연해준 고마움의 표시로 밥을 한 끼 샀습니다. 여의도에 있는 한 샤브샤브 집에 앉아 방송 얘기도 하고, 앞으로 어떻게 지낼 것인지 얘기를 나누었습니다. 아직 순수한 마음, 그 젊음이 부러웠고 되도록 이 친구들이 상처를 덜 받고 미래를 꾸려나갔으면 좋겠습니다.

진아 씨는 방송이 나간 지 얼마 안 돼 서울에 있는 한 건축회사에 취업을 했습니다. 사실 섭외를 할 때도 '취업 준비생으로 방송에 나간 사람들은 다들 취업이 잘되더라'는 근거 없는 말로 설득을 했던 참이기도 했습니다. 무사히 원하던 곳에 취업을 잘해서 제가 더 기뻤던 기억이 납니다.

근후 씨는 군대에 갔습니다. 바리스타로서의 꿈을 계속 이어가고 있는 것으로 알고 있습니다.

동진 씨는 아직 취업을 준비하고 있습니다. 음악으로 생계를 유지하는 것이 사실상 불가능한 상황에서 앞으로 어떻게 길을 찾아나가야 할지 고민하고 있습니다.

현주 씨는 귀국을 했고, 한국 사회에 다시 적응하기 위해 노력하고 있습니다.

밝고 예쁜 이 양띠 청년들의 꿈을 계속 응원합니다.

그저 빨리 죽는 게 소원인
'노인'의 나라

우리나라 65세 이상 노인 인구는 542만 명. 전체 인구 10명 가운데 한 명은 노인입니다. 노인 빈곤율은 48%가 넘어 OECD 국가 가운데 가장 높습니다. 노인 인구는 빠르게 증가하는데 별다른 준비 없이 노후를 맞이하는 노인이 늘고 있다는 이야기입니다.

OECD 국가 중 노인 자살률 1위. 해마다 증가하는 고독사 숫자 등을 보면 우리나라 노인이 얼마나 고통받고 있는지 잘 알 수 있습니다. 자식의 도움이나 제대로 된 정부 지원도 받을 수 없는 노인은 어떻게 생활하고 있을까요? 그런 가운데 서울 시내의 한 교회 앞에는 매일 아침 수백 명의 노인이 장사진을 이루며 모여들고 있다는 제보를 전달받았습니다. 이 노인들을 따라가 보니 한국에 사는 빈곤 노인의 현주소를 절절히 알 수 있었습니다.

그렇다면 이렇게 바깥을 '떠돌지' 않고 요양 시설에 들어가서 노년을 맞으면 평안한 노후 생활이 가능할까요? 그것도 아니었습니다. 현재 우리나라에서 운영되고 있는 요양병원은 1,300여 곳에 이르는데, 요양병원이 늘어나는 만큼 부실 요양기관의 숫자도 크게 늘었기 때문입니다. 요양병원 가운데 일부는 환자의 편의를 고려하지 않은 채 갑자기 문을 닫아 노인 환자를 곤경에 빠뜨리고 있었습니다.

동전을 받으러, 공짜 점심밥을 먹으러 하루 종일 서울 시내를 헤매고 있는 노인들에게서, 갑자기 폐업한 요양기관에서 쫓겨나듯 짐을 싸야 했던 어르신들에게서 삶의 마감까지 고단하고 팍팍한 한국 사회의 단면을 보았습니다. 그리고 이런 단면을 통해 빈곤 노인을 보호할 의지도 능력도 없는 우리 사회 복지 제도의 허점을 발견할 수 있었습니다.

14

제발 500원만 주시오 - 빈곤 노인

[노년, 500원 받으러 삼만 리 2015년 3월 22일 방송]

이른 아침 서울 이촌동에 있는 한 성당 앞. 백여 명의 어르신이 줄을 서서 무언가를 애타게 기다리고 있었습니다. 어르신들이 기다리는 것은 한 주에 한 번씩 성당에서 나눠주는 오백 원짜리 동전 하나였습니다. 매주 목요일마다 성당에서 나눠주는 오백 원을 받기 위해 새벽 첫 차를 타고 성당으로 모여드는 어르신들. 오전 8시가 되자 어르신들은 일렬로 길게 줄을 섰습니다. 두 손을 공손히 모으고 동전 하나씩을 받아들고는 또 다시 어느 곳으론가 급히 발길을 돌렸습니다. 다른 교회에서 나눠주는 동전을 또 받기 위해서였습니다.

어르신들의
동전받기 리스트

　　　　　이촌동 성당 앞에서 만난 할머니를 따라가
봤습니다. 올해 77세의 장필선(가명) 할머니는 벌써 5년째 이렇게 동
전을 받으러 다니고 있었습니다. 할머니는 이촌동 성당에서 동전을
받은 다음 반포에 있는 다른 교회로 향했습니다.

　할머니를 따라 반포에 있는 교회 앞으로 가니 어르신들이 더 많
았습니다. 이곳에서는 교회 두 곳과 성당 한 곳이 연합하여 각각 오
백 원씩, 모두 1,500원을 어르신들에게 나눠주고, 떡과 음료도 제공
하고 있었습니다. 다른 곳에 비해 돈의 액수도 크고, 먹거리도 나눠
주는 만큼 자리 잡기 경쟁도 치열했습니다. 새벽부터 나와서 미리
자리를 잡아두고, 다른 곳에서 오백 원을 받은 뒤 이곳으로 온다는
어르신도 많았습니다.

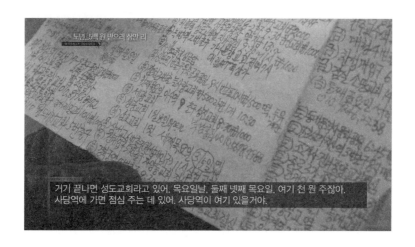

거기 끝나면 성도교회라고 있어. 목요일날, 둘째 넷째 목요일. 여기 천 원 주잖아. 사당역에 가면 점심 주는 데 있어. 사당역이 여기 있을거야.

어르신 한 분은 무료로 오백 원을 주는 곳 리스트를 빼곡하게 적어둔 종이를 취재진에게 보여주었습니다. 월요일은 사당, 화요일은 신대방, 수요일은 이촌, 목요일은 반포. 이런 식으로 날짜와 시간대별로 동전을 주는 곳과 무료 식사를 제공하는 곳이 꼼꼼하게 적혀있었습니다. 어르신은 일정에 따라 숨 가쁘게 하루도 빠짐없이 움직이고 있다고 말했습니다.

"이삼백 원이라도 벌어야 돼. 어쩔 수 없어. 가만히 앉아 있으면 돈이 나오나?"

이렇게 말씀하시는 어르신의 얼굴에 고단함이 묻어났습니다. 추운 날씨, 낯모르는 사람의 따가운 시선. 무료 동전을 받으러 다니는

하루에 뭐 평균 4천 원.
한 달 열심히 뛰면 한 12만 원 정도 될거야.

길이 쉽지만은 않은 듯 보였습니다. 하지만 어르신들은 당장 생활이 곤궁하고, 집 안에 있어도 딱히 할 일이 있는 것도 아니니 거리로 나설 수밖에 없다고 말했습니다.

할머니의
하루

장필선 할머니도 사정은 마찬가지였습니다. 할머니는 20년 전 할아버지와 사별하고 자식은 없다고 했습니다. 젊었을 때는 파출부로 일했지만, 나이가 들면서 일자리 구하기가 힘들어졌습니다. 점점 생계는 막막해졌고, 다른 가족과도 연락이 끊겼습니다. 당장 쓸 돈은 없고, 외로움은 더해가고 그러다 동전 나눠주는 곳이 있다는 소식을 들었습니다. 공짜 지하철을 타고 동전을 주는 곳을 찾아다니기 시작했습니다. 혼자 먹는 밥에 외로움이 사무쳤는데 공짜로 밥을 주는 곳에 가니 다른 사람과 얼굴을 마주 보며 식사도 할 수 있었습니다. 할머니는 무료로 점심을 주는 교회 식당에서 황급히 밥을 입에 떠넣으면서 이렇게 말했습니다.

"함께 있는 것, 그 자체만으로도 기분 좋다."

이런 노인들을 바라보는 교인들의 마음도 쓸쓸했습니다.

"지금 이 시대에 누가 밥을 굶는다고 생각하겠습니까. 그런데 실제로 노인들께서 밥을 못 먹어서 밥을 싸가지고 가기도 합니다. 이런 것을 많이 봅니다. 이렇게 풍요로운 시대지만 빈곤으로 어려움을 겪는 사람이 많다니 안타깝습니다."

풍요의 시대. 한쪽에서는 '실제로' 돈이 없어서 밥을 굶는 사람이 존재합니다. 우리가 그 모습을 애써 외면할 뿐 뼈저린 빈곤은 바로 우리 가까이 있는 것입니다.

식사를 한 뒤 할머니 댁에 따라가 봤습니다. 제대로 집 안을 치울 여유가 없었는지 방 안 가득 쓰레기 더미가 쌓여 있었습니다. 어지러운 방 안에서 할머니가 수북한 약봉지를 꺼내 보여줬습니다.

할머니는 5년 전 유방암 수술을 받았다고 했습니다. 먹어야 할 약이 다섯 종류가 넘었습니다. 할머니는 홀로 이렇게 나이 들어가고 아무도 모르게 죽어갈지도 모르는 자신의 삶이 많이 두렵다고 했습니다. 이렇게 살다 죽으면 어느 누가 자기가 죽었는지 알겠느냐는 할머니의 물음에 할 말을 찾지 못했습니다.

움직이지도
못할 때는?

이렇게 본인 스스로 몸을 움직여 동전이라도 받으러 다닐 수 있다면 오히려 사정이 나은 편입니다. 몸이 아파 거동이 불편해 꼼짝없이 집 안에만 갇혀 있는 78세 김세준(가명) 할아버지를 만났습니다. 할아버지는 10년 전 이혼한 뒤 혼자 삽니다.

젊었을 때는 사업을 잘했지만 중년이 넘어 사업에 실패했습니다. 50대가 되고 나니 다시 일어서기가 힘들어졌습니다. 그렇게 손을 놓고 있는 사이 노년을 맞았습니다.

점점 더 싼 집을 찾아 주거지를 옮기다 보니 서울 외곽 반지하방으로 밀려났습니다. 나이가 들어서는 기초생활 수급자가 되어 수급비만 바라보며 살게 됐습니다. 당장 끼니를 해결하기도 막막해 기부받은 떡으로 세 끼를 해결합니다. 매일 아침 동사무소에 가서 떡세 팩씩을 받아온다는 할아버지의 발걸음은 무겁고 힘에 겨워보였습니다. 할아버지께 가장 힘든 점이 무엇이냐고 물었습니다. 할아버지는 시간 보내기가 가장 어렵다고 했습니다. 그리고 기초수급비에 맞춰 생활하기가 막막하다고 말했습니다.

2014년 11월 기초생활수급자였던 68세 할아버지가 살던 집에서 강제 퇴거할 날짜를 앞두고 자살한 일이 있었습니다. 할아버지는 공사 현장에서 일하며 어렵게 생계를 유지해왔습니다. LH의 독거노인 전세 지원금을 받아 생활하고 있었는데, 살던 집이 팔리면서 강제 퇴거할 상황이 되자 갑작스럽게 돈이 들어갈 일을 눈앞에 두고, 그 상황을 헤쳐 나갈 방법을 찾지 못해 죽음을 택한 것으로 알려졌습니다. 마지막 가는 길, 할아버지는 누구에게도 짐이 되고 싶지 않았습니다. 탁자 위에는 '고맙습니다. 국밥이라도 한 그릇 하시죠. 개의치 마시고'라고 적힌 봉투를 놓아두었습니다. 봉투 안에는 빳빳한 신권으로 1만 원짜리 10장을 넣어놓았습니다. 자신의 시신을 수습하러 올 사람들이 식사라도 하라는 배려였겠지요. 책상 서랍 속에는 장례비로 추정되는 100여만 원을 넣어두고, 현관문 바닥에는 전기요금 고지서와 전기 요금을 담은 봉투를, 싱크대 위에는 수도요금 고지서와 수도 요금을 담은 봉투를 놓아두었습니다. 모두 176만 원. 마지막 남은 돈을 탈탈 털어 어디 신세 진 곳은 없는지 살피며 죽음을 준비했을 할아버지의 모습을 상상하니 마음이 아팠습니다.

이렇게 고독하게 생의 마지막을 맞이해야 했던 노인들의 사연을 찾아나섰습니다. 심심찮게 일어나는 노인 고독사 사건의 주소지를 알아내 찾아갔습니다. 서울에 있는 한 지하방. 72세 할아버지가 숨진 지 사흘 만에 발견됐습니다. 이웃 주민을 만나봤습니다. 평소 이웃과 아무런 왕래도 없었고 만나도 별다른 말씀도 안 하시니 별로 신경을 못 썼다는 말만 되풀이했습니다. 할아버지는 청각 장애와 당뇨병을 앓고 있었습니다. 한 주에 한 번씩 들르던 도우미가 할아버지 집을 방문하기 전까지 아무도 할아버지의 죽음을 알지 못했습니다. 병든 몸, 소통 없는 사회. 그렇게 우리나라 노인은 보살펴주는 사람 없이 홀로 돌아가시는 경우가 많습니다. OECD 국가 가운데 노인 자살률 1위, 고독사 노인 한 해 800여 명. 이런 통계가 괜히 나온 것이 아닙니다. 사회가 손을 놓고 있는 사이 외로이 노년을 맞고, 홀로 죽음을 맞는 사람이 늘고 있습니다.

사회의 책임, 그리고
우리 모두의 책임

　　　　　　　　현재 우리나라 노인 인구는 542만 명입니
다. 전체 인구 10명 가운데 한 명은 노인입니다. 오는 2025년에는
노인이 전체의 20%가 넘는 초고령 사회에 들어설 것으로 예상됩니
다. 노인은 많고 노인을 부양할 인구는 부족합니다. 노인을 위한 사
회의 대책도 변변치 않습니다. 우리나라 노인 빈곤율은 48%가 넘
어 OECD 국가 가운데 가장 높습니다. 왜 이렇게 우리나라 노인들
은 가난한 걸까요? 전문가들은 여러 가지 문제를 지적합니다.

　첫 번째는 노인을 위한 연금제도, 나아가 기초생활보장제도의 벽
이 너무 높다는 점입니다. 최저 생계조차 유지하기 힘든 사람을 돕
기 위해 기초생활보장제도가 있습니다. 수급자가 되면 한 달에 50
여만 원을 받습니다. 하지만 수급자 되기가 쉬운 일은 아닙니다. 노
인을 울리는 가장 큰 요건은 '부양 의무자 기준'입니다. 직접적으로
부양 능력이 없는 자식이 서류상으로 존재하면 수급자가 될 수 없
습니다. 송파 세 모녀 사건 이후, 사정이 어려우면서도 기초생활보
장제도의 혜택을 받지 못하는 사람을 위한 대책이 부족하다는 비
판이 수면 위로 떠올랐습니다. 이런 지적에 따라 부양 의무자 기준
을 대폭 완화하는 법 개정안이 통과됐습니다. 하지만 그 기준에 따
른다 해도 여전히 비수급 빈곤층의 숫자는 크게 줄지 않았습니다.
우리나라 기초수급 대상자는 130만 명입니다. 실질적인 부양 능력

이 없는 부양가족 때문에 기초수급자 선정에 탈락한 사람은 110만 명으로 추산합니다. 부양 의무자 기준을 아예 없애자는 주장이 나오는 이유입니다.

두 번째는 기초수급비로 책정된 금액이 턱없이 적다는 점입니다. 한 달에 50만 원으로 주거비와 의료비, 식비를 충당하는 것이 가능한 일인가? 우리가 복지 혜택을 거저 받으려는 사람을 색출해내는 '복지 경찰관' 역할에만 충실한 나머지, 정작 어려우면서도 혜택을 못 받아 힘겨운 이들을 찾아내는 데는 손을 놓아온 것은 아닌가? 모든 노인에게 기초연금 20만 원을 주겠다고 대대적으로 홍보하고는 기초수급 노인에게는 수급비에서 20만 원을 삭감하고 난 뒤 기초연금을 주고 있으니, 이것은 가난한 노인을 기만한 것은 아닌가? 여러 지적이 나오고 있습니다.

인간이 행복감을 느끼는 수치를 살펴보면, 노인으로 가면 행복도가 올라가는 U자형을 그리는 게 일반적인 나이별 행복 수준입니다. 하지만 우리나라의 경우에는 행복 수준이 나이가 많아질수록 떨어지는 것으로 나타났습니다. 경제적인 대책을 마련하지 못한 채 무방비로 노년을 맞는 사람이 계속 늘고 있는 만큼, 빈곤 노인이 비극적으로 생을 마감하는 사례도 계속 증가할 수밖에 없습니다.

나는 방법을
찾고 싶다

취재를 마친 후 오백 원을 받는 긴 줄에서 만났던 할아버지의 말이 계속 머릿속을 떠나지 않았습니다.

"작은 일이라도 할 수 있으면 좋겠다. 자식에게 짐이 되고 싶지 않다. 방법을 찾고 싶다."

할아버지는 일주일에 3일은 동사무소에서 소개해준 공공근로를 하고, 이틀은 무료 동전받기에 나서고 있었습니다. 원래 거주하는 지역에서는 공공근로 신청이 잘되지 않아서 친구 집에 얹혀살면서 그쪽으로 주소지를 옮겨서 일자리를 구했다고 했습니다. 그만큼 노후를 스스로의 힘으로 잘 보내고 싶은 의지가 강해 보였습니다. 하루에 세 시간씩 일주일에 3일을 일하면 20만 원을 받습니다. 자식에게 짐이 되고 싶지 않은 마음에 안간힘을 쓰고 있지만 생활은 좀처럼 나아지지 않습니다. 하지만 할아버지는 작은 일이나마 스스로 할 수 있는 일이 있고, 정기적으로 교류할 수 있는 사람들이 있는 것만으로도 삶에 활력이 된다고 말했습니다.

사정이 어려운 어르신들이 복지 혜택에서 소외되지 않도록, 나이가 들어서도 적절히 사회와 교류할 수 있는 일자리를 얻고 삶의 활력을 잃지 않도록 노년층을 위한 적절한 대책이 절실합니다.

우리 시대의 노인들이 거리에서 집에서 홀로 불안한 노후를 맞이하고 있습니다. 사회가 손을 놓고 있는 사이 빈곤과 외로움을 견디며 거리로 나서는 노인은 점점 더 늘고 있습니다. 오백 원을 받으러 거리로 나서는 수많은 어르신에게 이제 우리 사회가 답을 해야 할 차례입니다.

프로그램 방송 이후 타사 프로그램 제작자로부터 연락이 왔습니다. 프로그램에 소개된 어르신의 연락처를 줄 수 없느냐, 소개된 공간이 어디냐, 섭외를 어떻게 했느냐는 문의였습니다. 취재한 공간은 말씀드렸지만, 직접적으로 인터뷰 대상자 연락처까지 드릴 수는 없었습니다. 어찌됐든 방송 이후, 동전을 받으러 거리로 나선 어르신들을 다룬 시사 프로그램이 여럿 방송되었습니다. 저와 똑같은 곳을 취재한 프로그램도 있었고, 다른 종교 시설을 찾아간 곳도 있었습니다. 우리 사회에서 노인 빈곤 문제를 고민하는 사람들이 계속 많아지고 있다는 생각이 들었습니다.

이 방송을 만들면서 마음이 착잡할 때가 많았습니다. 특히 장필선 할머니를 만났을 때가 그랬습니다. 쓰레기로 가득한 집 안으로 들어섰을 때의 충격이 쉽사리 잊히지가 않았습니다. 혼자 밥 먹기가 너무 싫어서 거리로 나선다며, 교회 식당에 앉아 허겁지겁 밥을 드시던 모습도 눈에 선합니다.

기초생활수급자로 혼자 지내시던 할아버지를 만났을 때도 마찬가지였습니다. 문을 열고 들어서자 온 집 안에 지린내가 진동해서 쉽사리 인터뷰를 하러 들어서기가 어려웠던 기억이 납니다. 냉장고 문을 열었는데 음식 하나 없이 동사무소에서 받아온 떡 몇 조각만 놓여 있었던 것도 내내 기억이 났습니다.

그분들 너머로 고이 자신의 남은 재산을 정리해 '국밥 한 그릇이나 하시라'며 봉투를 올려두고 생의 마무리를 했던 다른 노인 분들의 얼굴이 겹쳐 보였습니다. GDP 순위나 경제성장률 순위로는 세계 어느 나라에도 뒤지지 않는 나라가 되었는데, 빈곤의 나락으로 떨어지는 사람이 왜 이리 많은지 답답한 마음이 들었습니다. OECD 국가 가운데 노인 자살률 1위라는 불명예가 현실인 지금 성장보다 분배, 소외계층에 대한 위로와 배려가 너무도 필요한 시점이 아닐까요?

사생활을 공개해주신 만큼 방송에 출연한 어르신께는 소정의 사례비를 드렸습니다. 장필선(가명) 할머니의 경우 통장도 휴대전화도 없어서 현장에서 바로 사례비를 드리고 헤어졌습니다. 방송이 나간 이후 다시 연락을 취해보았지만, 할머니와는 쉽사리 연락이 닿지 않았습니다. 부디 건강하게 사시길 기도합니다.

15

쉴 곳조차 없는 팔자 — 부실한 요양시설

[절반은 폐업, 요양시설의 그림자 2015년 9월 13일 방송]

"나는 더 이상 갈 곳이 없어. 여기서 죽을 거야."

문 닫을 위기에 처한 경기도의 한 요양원을 찾았습니다. 요양원은 어수선했습니다. 수백여 명의 환자 보호자가 모여 경영진을 상대로 항의하고 있었습니다. '보증금은 돌려줄 수 있는 것이냐? 밥 먹듯이 거짓말을 하니까 믿을 수가 없다.' 경영진은 진땀을 흘리고, 환자들과 보호자들은 격분해 있었습니다. 도대체 요양원에서 무슨 일이 일어난 것일까요?

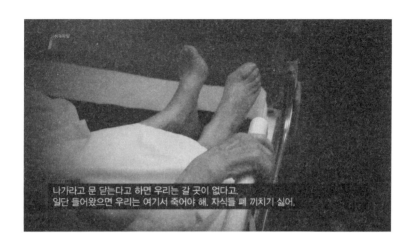

나가라고 문 닫는다고 하면 우리는 갈 곳이 없다고.
일단 들어왔으면 우리는 여기서 죽어야 해. 자식들 폐 끼치기 싫어.

문 닫을 위기에 처한
요양원과 요양병원들

이 요양원의 문제는 요양원 직원들이 임금 체불 등을 이유로 사표를 쓰면서 시작됐습니다. 만성적인 경영난에 임금이 계속 밀리자, 더 이상 일을 하기 어렵다고 판단한 직원들 가운데 일부가 사직을 결심한 겁니다. 요양원 측은 환자들에게 요양원이 폐쇄될 경우를 대비해 다른 곳을 빨리 알아보라고 권하면서도 어려워진 요양원 사정을 드러내놓고 말하는 것은 피해왔습니다. 하지만 소문은 삽시간에 퍼졌고, 보호자들은 자신들이 낸 수천여만 원의 보증금을 반환할 여력은 되는 것이냐며 재단을 상대로 격렬하게 항의하기 시작했습니다.

수백여 명의 보호자들 앞에 요양원의 이사장인 박모씨가 마이크를 잡고 섰습니다. 경영난이 심각하고 더 이상 버티기가 어렵다는 것이 이사장의 해명이었습니다. 이 시설을 모두 드릴 테니 마음대로 하라는 이사장의 말에도 보호자들은 쉽사리 흥분을 가라앉히지 못했습니다. 환자와 보호자들은 불안하고, 경영이 어려운 병원 관계자들은 해답을 찾지 못하고 일단 요양원을 정상화하기 위해 최선을 다하자는 말로 보호자들의 회의는 끝났습니다.

진짜 문을
닫으면?

전국에 있는 요양병원은 1,300여 개에 달합니다. 지난 2009년 이후 해마다 200여 개의 요양병원이 새로 문을 열었고, 이 가운데 절반가량이 문을 닫았습니다. 요양시설에서 생활하고 있는 노인 숫자는 30여만 명. 많은 노인이 시설에서 생활

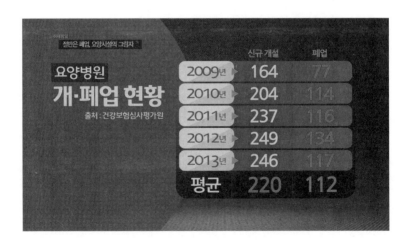

하고, 시설에서 생의 마지막을 맞이하고 있습니다. 하지만 이들을 위한 시설이 문을 닫았을 경우를 대비한 제도는 사실상 전무하다시피 했습니다. 나이 들어서 새로운 보금자리를 찾으려 했던 노인들이 무책임하게 폐업하는 요양시설에서 또다시 고통을 겪고 있습니다.

파킨슨병을 앓고 있는 80대 노모를 모시고 있는 김모씨를 만났습니다. 쌍문동에 있는 한 요양병원. 어머니는 말을 하지도 거동을 하지도 못했습니다. 김씨는 차상위 계층으로 가정형편이 넉넉하지 않았습니다. 연로한 데다 병까지 얻은 어머니를 집에서 모실 수 없어서 요양병원을 택할 수밖에 없었습니다. 이런 김씨에게 지난 2월은 사뭇 악몽 같았습니다. 이 병원으로 오기 전 김씨는 다른 요양병원에서 4년 동안 어머니를 모시고 있었습니다. 그러다 어느 날 병원이 문을 닫을 예정이니 나가달라는 통보를 받았습니다. 폐업을 단 일주일 앞둔 병원 측의 통보에 김씨는 당황할 수밖에 없었습니다. 김씨는 생업을 모두 제쳐두고 다른 요양시설을 찾기 위해 동분서주해야 했습니다. 김씨는 병원에 대해서도 화가 나지만 무책임한 당국에도 화가 난다고 말했습니다.

" 그냥 도장 하나 딱 찍고서 '그래, 너네 병원은 이러이러해서 문 닫아야 돼.' 이렇게 말하는 게 말이 되나요. 그것은 그 병원장에 대한 조치지 그 안에 있는 환자에 대한 조치는 아니잖아요."

　당국은 병원 안에 살고 있는 환자들을 전혀 고려하지 않는 것 같다는 김씨의 말에 고개를 끄덕였습니다.
　보건복지부 관계자는 요양병원이 폐업할 때 노인 환자들을 다른 병원으로 옮기는 조치가 먼저 이뤄져야 한다는 점은 인정하면서도 현재의 법 규정상으로는 이를 강제하기 어렵다는 말만 되풀이했습니다. 반드시 환자들을 전원 조치해야 한다는 의무 규정은 없기 때문에, 요양기관이 갑자기 문을 닫는다고 해도 벌을 주거나 규제를 하기가 사실상 어렵다는 겁니다.
　또 다른 요양병원을 찾아서 자리를 잡기까지 김씨의 생활은 고단하고 힘들었습니다. 어머니에게 정성스럽게 간식을 드리는 김씨를 보며, 노년의 삶을 준비하는 것이 노인들 본인뿐만 아니라 그 가족에게도 참 쉽지 않은 일이라는 것을 알았습니다.

문을 닫은 병원
그 이후

　　　　　　지난 5월 문을 닫은 부산에 있는 한 요양병원을 찾았습니다. 요양병원은 새 주인을 찾은 상태였고 공사가 한창 진행되고 있었습니다. 이 요양병원은 폐업 이틀 전에야 환자들에게 폐업 사실을 알렸습니다. 병원에 입원해 있던 환자는 200여 명,

이 가운데 30여 명은 중증 환자였습니다. 환자들은 당황했고 어디로 가야 할지 알지 못해 방황했습니다. 급하게 인근 병원으로 환자를 옮기는 과정에서 환자들은 두 번 상처를 받았습니다.

인근에 있는 병원을 수소문했습니다. 해당 병원에 있다가 급하게 다른 병원으로 옮겨야 했던 환자를 찾아 나섰습니다. 인근 병원에서 김순영(가명) 할아버지를 만났습니다. 일흔이 넘은 나이에 할아버지는 아직도 당시의 황망함을 잊지 못하고 있었습니다. 병원으로부터 갑자기 병원이 문을 닫게 됐으니 모두 나가라는 공지를 받았을 때 할아버지는 원무과 데스크에서 크게 소리를 질렀다고 했습니다. 이게 무슨 일이냐며 나는 절대 못 나간다고 말입니다. 하지만 이 병원에 있겠다고 큰 소리를 치던 할아버지도 바로 다음 날 병원을 옮겨야 했습니다.

궁금증이 들었습니다. 이런 막무가내 폐업을 막을 방법은 정말 없는 것일까? 폐업 이틀 전에 폐업 사실을 알린 병원도 문제지만, 이런 폐업을 승인해주는 행정 당국도 문제라는 생각이 들었습니다. 요양병원 인허가를 관리하는 곳은 보건소입니다. 인근 보건소를 찾아가서 이렇게 갑자기 요양기관이 폐업하는 것이 법적으로 아무 문제가 없는지 문의했습니다. 보건소 관계자는 말했습니다. 폐업은 허가가 아니라 신고 사안이기 때문에 서류가 들어오면 직결 처리할 수밖에 없다고 말입니다. 요양병원에 있던 환자들이 어떤 상태며 어디로 갈지에 대해 점검하는 절차는 법적으로 강제되어 있지 않으니 해야 할 필요가 없는 셈입니다.

지난 3월 병원이 폐업할 경우 사전에 환자들에게 폐업 사실을 알리고, 전원 조치하도록 의무화해야 한다는 내용의 의료법 개정안이 국회에 상정됐지만 아직 통과되지 않았습니다. 필요한 서류를 갖춰오면 행정 당국은 폐업을 허가해줘야 하는 상황입니다. 환자들의 시름은 갈수록 깊어지고 있습니다.

요양병원 운영자도
할 말이 있다

이런 요양병원의 현실에 대해 요양병원 운영자들도 하고 싶은 말이 많아 보였습니다. 경상남도 창원. 지역사회에서 모범적으로 운영되는 것으로 유명한 희연병원을 찾았습니다. 이곳에서 학회 준비 차 요양병원 원장 20여 명이 모여서 회의를 한다고 했습니다. 요양병원 원장들에게 마이크를 돌려 요양병원을 운영함에 있어서 어떤 점이 가장 어려운지 물었습니다. 단연코 저수가 문제를 꼽았습니다. 수년 동안 동결되어 온 의료수가 때문에 사실상 작은 요양병원은 고사 위기에 처했다고 토로했습니다. 지난 2008년부터 요양병원 수가 체계는 하루 최저 25,000원에서 최고 55,000원을 받는 정액제로 바뀌었습니다. 최고 액수인 하루 55,000원을 받는 환자는 전체의 3%도 되지 않습니다. 대부분의 환자 수가는 하루 25,000원에서 40,000원 사이로 책정되어 있습니다.

요양병원 운영진은 말했습니다.

"이 금액으로는 환자를 먹이고, 입히고, 재우고, 의료 서비스까지 제공하는 것이 현실적으로 불가능하다."

요양병원 입장에서는 환자에게 제공하는 서비스의 질과는 상관

없이 정부에서 받는 요양 급여가 같은 상황에서, 환자에게 더 나은 서비스를 제공하기 위해 노력하기가 쉽지 않습니다. 그러다 보니 비급여 항목을 최대한 늘리는 방향으로 병원을 운영하고, 서비스의 질을 낮춰서라도 적자를 보전할 수밖에 없는 처지에 놓입니다. 악순환의 연속입니다.

더 나은 병원, 환자를 위한
병원이 많아지려면?

요양병원을 둘러보면서 마음이 착잡해졌습니다. 우리나라에서 요양원이나 요양병원에서 노후를 보내고 있는 인구는 30여만 명에 이르는 것으로 집계됐습니다. 삶의 마지막을 요양기관에서 보내는 노인은 점점 더 늘어날 수밖에 없습니다. 하지만 이들의 노후를 보살필 요양기관의 미래는 그리 밝지 않습니다. 저수가 체계, 부실한 요양보험 등 노인 복지를 둘러싼 여러 가지 재정 문제에 다시금 사회적인 합의가 필요한 시점입니다. 문을 열었다가도 닫을 수밖에 없는 병원이 늘고 있다면 그 원인은 무엇인지, 해결책은 무엇인지, 정부가 따져 물어야 할 필요가 있습니다. 그리고 가능하다면 이 속에서 병원도 잘되고, 환자도 행복해질 수 있는 방법을 진지하게 모색해야 합니다. 그런 과정 속에서 환자를 위한 병원이 늘어난다면, 군이 폐업의 기준을 엄격하게 만들지 않는다 해도 자연스럽게 연로한 어르신들이 폐업 요양시설을 쫓기듯 떠

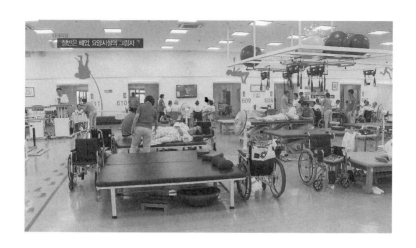

나야 하는 사태는 줄어들지 않을까요?

희연병원 원장은 말합니다.

"정말 환자 중심의 병원을 만들고 싶다. 요양병원을 바라보는 사고 구조를 아예 바꾸고 싶다. 노인들이 돌아가신 뒤에 퇴원하는 병원이 아니라, 몸이 좋아져서 나아서 나가는 병원을 만들고 싶다."

더 많은 사람이 삶의 마지막 길목에서 더 존엄한 생활을 보장받을 수 있도록 우리 사회가 안정된 시스템을 갖춰가야 할 때입니다.

취재 과정에서 가장 인상 깊었던 분은 80대 노모를 요양병원에 모시고 있던 한 아주머니였습니다. 파킨슨병을 앓고 있는 어머니를 얼마나 살뜰하게 보살피는지 그 정성이 놀라웠습니다. 어머니가 좋아하시는 카스텔라, 요거트를 입에 넣어 드리며, '오래오래 사시라'고 말하는 모습이 기억에 남았습니다. 그분은 집안 사정이 어려워 도저히 직접 모실 수는 없고, 그래서 차상위 계층 지원을 받아 요양병원에라도 모실 수 있는 것이 얼마나 다행인지 모른다고 말했습니다. 폐업하는 요양병원에서 나와야 했던 순간은 너무 화가 나고 당황도 했지만, '그나마 이런 요양병원이라도 없으면 내가 어찌 어머니를 모실 수 있을까' 하는 생각은 계속 들었다는 겁니다. 그분의 사연을 들으며 건실한 요양기관이 많아지는 것이 우리 사회에 얼마나 절실한 과제인지 다시금 느꼈습니다.

방송을 준비하는 동안 정말 여러 어르신을 만났습니다. 생의 마지막을 요양시설에서 보내는 것이 아직 우리나라 정서상 보편적인 것은 아닌 만큼, 요양기관에서 생활하는 것을 여러모로 어려워하셨습니다. 그나마 삶의 마지막을 보낼 수 있는 곳으로 왔다고 생각하며 마음을 붙이고 살아보려 했는데, 예고도 없이 자신이 살던 공간이 없어져 버릴 때의 충격은 예상보다 훨씬 컸습니다. 그렇다고 갑자기 폐업하는 병원을 탓할 수만도 없는 노릇이었습니다.

우리나라 요양병원 수가가 비현실적으로 낮게 책정되어 있고, '정상 경영'이라는 것이 거의 불가능하다고 토로하는 요양병원 관계자를 많이 만났습니다. 그 속에서 초고령화 사회를 앞둔 우리 사회의 노인 문제 준비는 정말 부족하다는 것을 느낄 수 있었습니다.

취재를 하는 내내 나의 노후는 어떤 모습일까 생각하지 않을 수 없었습니다. 인간으로서의 존엄을 유지하면서 나이 들어가고 싶은 마음이 간절하지만, 그것은 오직 안정적인 재력이 뒷받침될 때에만 가능할 것이라는 생각이 들어서 착잡했습니다. 모아둔 돈 없이 아등바등 젊은 시절을 살다가 대책 없이 맞이하는 노년은 초라하고 비참해질 가능성이 높습니다. 급격한 노년 인구의 증가를 겪고 있는 우리나라는 지금 풀기 어려운 숙제를 받아들고 있는 셈입니다.

창원에 있는 희연병원은 여전히 지역사회에서 가장 인정받는 요양병원으로 잘 운영되고 있습니다. '요양병원은 사뭇 우울한 곳'이라는 제 선입견을 깨준 좋은 병원이었습니다.

방송 이후에도 전국 곳곳에서 요양기관들의 급작스런 폐업이 문제가 되곤 했습니다. 하지만 병원 폐업 과정을 규제하는 법안에 대한 개정 논의는 아직 진행되지 않고 있습니다.

열심히 살지만
'좌절하는 사람들'

복지의 사각지대에 놓여 있거나, 전형적으로 자기 밥그릇을 챙기기 힘든 직업군에 속해 있거나 우리 사회에는 많은 취약 계층이 있습니다. 우리 사회의 대표적인 취약 계층의 사연을 들어보고 싶었습니다. 왜 그들의 삶이 갈수록 팍팍해지고 있는지, 해결 방법은 없는지 함께 고민해보고 싶었습니다. 한국 사회에는 수많은 '약자'가 있지만 그분들 모두 리포트에서 다룰 수는 없었습니다.

2014년 10월 극빈층에 속하는 노숙인을 만나러 나섰습니다. 공식적으로 집계된 노숙자만 1만 2천여 명. 왜 그토록 많은 사람이 거리를 떠나지 못하고 있는지, 성공적으로 자립한 사람은 어떻게 노숙 생활을 벗어날 수 있었는지 알아봤습니다.

그리고 2015년 가을 추수 시기에 오히려 고민이 깊어지고 있는 농민을 만났습니다. 2015년 쌀 생산량은 426만 톤으로 2014년보다 2만 톤가량 늘어나 풍년이 들었습니다. 하지만 풍년이 든 가을 농민은 농산물 가격이 하락해 시름이 깊어지고, 정부는 재고 관리에 애를 먹고 있었습니다. 농민의 시름을 들어보고, 왜 '풍년의 역설'이 반복되고 있는지 취재했습니다.

또한 2016년 초, 소방관을 찾아 나섰습니다. 우리나라에는 4만여 명의 소방관이 있습니다. 해마다 수많은 소방관이 크고 작은 부상을 당하지만, 소방관의 상당수가 보상을 받지 못하고 사재를 들여

치료받는 것으로 나타났습니다. 현장에서 목숨을 잃는 경우가 생겨도 업무의 특성에 따라 제대로 된 보상을 받지 못하기도 합니다. 왜 우리나라 소방관은 다쳐도, 심지어 사망해도 제대로 보상받기가 어려운지 그 이유를 알아보고 싶었습니다. 현장에서 소방관은 어떤 어려움을 겪고 있는지 들었고, 왜 소방관의 처우는 개선되지 못하고 있는지 함께 고민해봤습니다. 열심히 사는 사람이 더 이상 좌절하지 않도록 리포트를 만들었습니다.

16

우리도 다시 날고 싶습니다! - 노숙자

[노숙자, 다시 날다 2014년 10월 10일 방송]

길 위에서의 삶, 노숙자를 바라보는 마음은 언제나 편치 않습니다. 인간이라면 누구나 안정된 주거지에서 살아갈 권리 '주거권'이 있는데, 이 가장 기본적인 권리조차 빼앗긴 분들이니까요. 하다못해 쪽방이나 고시원에도 들어갈 수 없었던 그분들에게는 어떤 사연이 있는지 궁금했습니다. 그리고 그 삶에서 벗어나기 위해 그들은 어떻게 노력하고 있는지, 그런 그들의 노력에 우리 사회는 어떻게 답해야 하는지도 알고 싶었습니다. 취재 과정에서 만났던 김기준 씨가 말했습니다.

"정말 한순간이더라고요. 정신을 차려보니까 '아, 내가 왜 여기 있지' 하는 생각뿐이었습니다."

긴 인생의 여정에서 한 사람이 빈곤이라는 덫에 걸려 넘어지기까지 그 과정이 때로는 스스로도 제대로 인지하기 어려울 만큼 갑작스러운 과정이라는 사실을 저는 잘 몰랐습니다.

길
위에서

권성준(가명) 씨는 길 위에서 살고 있었습니다. 노숙을 한 지 5년이 넘었고, 건강 상태도 좋지 않았습니다. 식사는 대부분 무료 급식소에서 해결하고, 잠자리는 광화문 지하철

역사에서 해결하고 있었습니다. 장애가 있어 기초수급연금을 받고는 있지만, 월세를 내고 집을 얻어 들어가는 것은 '아직 고민 중'이라고 했습니다. 40만 원 남짓한 수급비에서 20만 원 넘는 돈을 집세로 내고 나면 도저히 생활이 불가능하니, 고시원이나 쪽방이라도 얻어서 들어갈 엄두를 내지 못했습니다.

아침부터 밤까지 그의 생활을 따라가 봤습니다. 반복되는 일상, 그는 고단해 보였습니다. 그는 중간중간 노숙인 자활센터에서 운영하는 야학에서 수업을 듣기도 하고, 자활센터 활동가들과 종로 인근 노숙자들을 위한 봉사활동에 참여하기도 했습니다. 하지만 대부분의 시간은 혼자와의 지루한 싸움이었습니다. 시간 맞춰 급식소로, 다시 지하철역으로. 긴긴 시간을 계속 길 위에서 지낸다는 것이 말처럼 쉽지 않아 보였습니다. 달라진 내일을 기대하기 어려운 삶. 그 삶이 주는 고단함의 무게가 꽤나 무겁고, 그 고통이 깊은 것 같았습니다.

그는 어렸을 때 부모님이 돌아가셨고, 초등학교밖에 졸업하지 못했다고 했습니다. 울산에서 부산으로, 그리고 서울로. 전국 곳곳을 돌아다니며 일을 하고, 잘살아 보려 노력했다고도 했습니다. 하지만 사기도 당하고 병도 얻은 채 시간을 보내다 보니, 결국 가난을 벗어날 수 없게 됐다고 고백했습니다. 집 없이 거리에서 자는 그에게 왜 당신은 지금 그렇게밖에 못 사느냐고 물을 수 없었습니다.

벌써 깊어진 가을. 아침과 밤 나절, 광화문 역사는 상당히 추웠습니다. 얇은 돗자리 하나를 깔고 그 위에 담요를 하나 깔고 그렇게 잠을 청하는 그의 모습이 안타까웠습니다. 그가 역사에서 자는 장면을 촬영하고 온 날 밤, 편안한 제 침대 위에서 쉽사리 잠을 청하기가 어려웠습니다.

집, 내가 머무를 수 있는 공간

노숙자에게는 무엇이 필요할까요? 물론 집이 필요합니다. 그리고 집에 들어갈 비용을 댈 일자리도 필요합니다. 주거권과 노동권. 인간이 누려야 할 가장 기본적인 권리입니다. 하지만 이 두 가지 모두 누리며 살기란 쉽지 않습니다.

노숙자가 선택할 수 있는 주거에 대한 대안은 크게 세 가지입니다. 쪽방과 고시원, 혹은 임대주택. 쪽방과 고시원 모두 평균 25만 원 정도의 비용이 듭니다. 대부분 일용직으로 하루 벌어 하루 먹고 사는 노숙자에게 이 돈은 결코 작은 액수가 아닙니다. 노숙자가 택할 수 있는 가장 안정적인 주거 형태는 정부가 제공하는 매입임대주택입니다. 이런 임대주택은 평균적으로 보증금 100만 원에 월세 10여만 원 내외면 살 수 있습니다. 하지만 제가 만난 노숙자 대부분은 '임대주택이라는 것이 있는지조차 사실 잘 몰랐다. 하지만 이제 들어가려고 해보니 임대주택 들어가기는 하늘에 별 따기다'고 입을 모았습니다.

　국토교통부가 정한 '주거취약계층 주거지원 업무처리지침'에는 노숙자나 주거 취약계층에게 전체 매입임대주택의 15%를 공급하게 되어 있습니다. 하지만 이런 공급 목표량을 별도로 관리하는 것은 아니기 때문에 목표량이 지켜지지 않는다 해도 제재를 받거나 하는 것은 아닙니다. 그렇기 때문일까요. 지난 2007년부터 2013년까지 주거 취약계층에게 공급된 임대주택은 전체 매입임대주택의 2.6%에 불과했습니다. 단적으로 2012년도의 경우는 한 해 동안 공급된 주거 취약계층 매입임대주택이 전국에 36호에 불과했던 것으로 나타났습니다. 노숙자를 돕는 홈리스 행동 활동가는 말합니다.

"36호 공급하면서 이것을 제도다, 정책이라고 얘기하기는 참 민망스러운 거죠."

노숙자나 쪽방촌 주민 등 정말 이런 집이 필요한 사람에게 임대주택의 벽은 꽤나 높습니다. 임대주택에 들어가려면 지자체가 운영하는 입주자선정위원회의 심사를 거쳐야 하고, 높은 경쟁률을 뚫고 선정되어 입주하기까지는 평균적으로 5, 6개월을 기다려야 합니다. 이 기간 동안 많은 사람이 포기하기도 하고, 자활의 의지를 잃기도 합니다. 더 중요한 것은 사회 극빈층의 상당수는 이런 임대주택의 존재를 아예 모르거나 신청하는 방법조차 모르는 경우도 많다는 사실입니다.

보건복지부 조사 결과, 2013년 기준으로 전국에 있는 노숙자는 1만 2천여 명으로 2012년보다 400여 명 늘어난 것으로 나타났습니다. 살 공간을 찾지 못해 거리로 나서는 사람은 많지만, 이들을 위한 주거 정책은 여전히 제자리에 머물고 있는 겁니다. 서울시가 노숙인 500여 명에게 매달 25만 원씩 6개월 동안 한시적으로 월세를 지원한 결과, 이 가운데 80%가 지속적으로 같은 주거지에 사는 데 성공한 것으로 드러났습니다. 다시 일어설 수 있는 계기만 마련해 주어도 상당수 노숙자가 일상생활로 돌아갈 가능성이 충분히 있다는 얘기입니다.

일자리, 다시 일어설 수 있게 해주는 사다리

일자리는 어떨까요? 배움도 짧고 특별한 기

술도 없는 사람이 일자리를 구한다는 것이 쉬운 일은 아닙니다. 혹자는 이렇게 물을 수도 있을 겁니다. '도대체 왜 스스로 노력하지 않느냐? 누가 당신들더러 배우지 말라고 했느냐? 누가 당신더러 가난하라고 하더냐?'

취재 과정에서 만난 노숙자 중에는 처음부터 가난한 집에서 태어났고, 배움의 기회를 갖기가 어려웠고, 지치도록 열심히 노력했지만 도저히 번번이 다가오는 불운의 덫을 피해갈 수 없었던 사람이 많았습니다. 실업, 사업 부도, 갑작스러운 병마와의 싸움. 이렇게 한 번씩 넘어질 때마다 그들은 분명히 다시 일어서려 했던 것 같습니다. 하지만 그들이 다시 일어서기에 우리 사회는 냉정했습니다. 병에 걸리면 집을 팔아야 했고, 부도가 나면 일단 이혼을 하지 않고서는 어려움을 피해가기 어려운 경우가 많았습니다. 다시 일자리를

구하려고 보니 일용직밖에 남아 있지 않은 경우가 많았고, 어느새 노숙을 하고 있더라는 얘기를 많이 했습니다.

그들 상당수는 공공근로라도 하고 싶어 하지만, 이런 일자리는 6개월에서 9개월 정도 일할 수 있는 단기 근로가 대부분입니다. 민간 일자리는 취직이 쉽지 않기 때문에 일용직으로 일을 해야 하는 경우가 많고, 그러니 고용은 늘 불안한 상태입니다.

기초수급 대상이 된 노숙자도 곤란하기는 마찬가집니다. 정부가 지급하는 40여만 원의 기초생활 수급비로는 도저히 생활이 안 되는데, 이 수급비를 받으면 다른 노동을 하는 것은 원칙적으로 금지되어 있기에 생활이 늘 곤란할 수밖에 없습니다. 많은 노숙자가 자포자기 심정으로 하루하루를 살아가는 데는 분명히 이유가 있었습니다.

정부와 개별 지자체는 노숙자를 위해 어떤 노력을 하고 있을까요? 서울시가 운영하는 노숙인을 위한 임시 작업장을 찾았습니다. 작업장에 온 노숙자들은 쇼핑백을 한 장 접을 때마다 30원을 받고 있었습니다. 그들은 말했습니다.

"소일거리라도 용돈을 벌 수 있게 해주는 게 고마운 일이죠. 방황하지 않고 뭔가 움직일 수 있다는 것, 그것만으로도 고마워요."

지난 6월에 문을 연 이곳에는 하루 평균 30여 명의 노숙인이 문을 두드리고 있었습니다. 그러나 이런 공공 일자리의 대부분은 3개월에서 6개월 정도로 한시적인데다 이마저도 수요에 비해 턱없이 부족한 상태였습니다. 작업장을 담당하는 서울시 관계자는 이런 일자리가 충분하지 않다는 사실을 인정했습니다. 그러면서도 그나마 존재하는 이런 작업장을 통해 일부 노숙자라도 규칙적인 생활이 무엇인지 느끼고, 건강을 회복해서 민간으로 나아갈 수 있도록 돕고 싶다고 말했습니다.

이 말을 들으면서 지자체 차원에서 사회의 가장 소외된 계층 가운데 하나인 노숙자를 위한 정책을 계속 내놓고 있는 것만으로도 고맙다는 생각이 들었습니다. 우리 사회의 약자를 감싸 안을 수 있는 든든한 안전망이 갖춰지기까지는 얼마나 많은 시간이 필요한 걸까요?

취재 과정에서 만난 한 복지 분야 전문가는 말합니다.

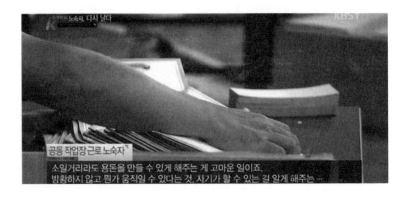

"사람들은 아주 쉽게 말하죠. 그 사람의 개인적인 게으름이나 잘못 때문에 저 사람이 저기 있다고. 하지만 실제로는 개인만의 잘못이 아니라 복지 사각지대에서 성장했다든지 여러 가지 사회 문제로 인해서 여기까지 오게 된 사람이 굉장히 많거든요. 왜 그걸 모른 척하는 걸까요.**"**

노숙자 가운데는 원래 게으르거나, 애초부터 의지가 없거나, 삶에 대해 염세적인 사람도 분명히 있을 겁니다. 하지만 가난을 개인의 탓으로만 돌리기에는 우리 사회의 책임이 너무 큽니다.

배움, 내일을 꿈꾸게 해주는 디딤돌

김기준 씨는 제게 가장 큰 울림을 주었습니다. 그는 수년간 노숙 생활을 하다가 지금은 결핵에 걸린 노숙인을 위한 쉼터에서 요양보호사 일을 하고 있었습니다. 본인도 노숙을 한 경험이 있고, 결핵에 걸린 적도 있었습니다. 아픔을 겪어본 사람이니 남의 아픔을 볼 수 있는 시야도 넓었습니다.

그는 한때 굴삭기 기사로 일했고 돈도 많이 벌었습니다. 하지만 좋은 시절은 잠시였습니다. 사업 부도와 함께 집도 가정도 송두리째 날아갔습니다. 상황을 잊기 위해 게임을 했다고 했습니다. 자포자기하는 심정으로 세월이 가는 사이 가족은 흩어졌고 건강은 망가졌습니다. 여인숙을 전전하다 노숙을 하게 됐고, 노숙을 하는 사이 결핵에 걸려 80킬로그램 넘게 나가던 몸무게가 47킬로그램까지 빠진 채 병원에 실려 오고서야 비로소 자신의 상황을 바로 볼 수 있었습니다. 그는 다시 마음을 가다듬고 미래를 계획하기까지 참 오랜 시간이 걸렸다고 했습니다.

그의 일상을 따라가 봤습니다. 거주하고 있는 임대주택, 요양보호사로 일하고 있는 노숙인 쉼터, 인문학 강좌를 듣는 센터에 이르기까지 저는 그의 일상을 들여다보며 이제껏 가져왔던 노숙인에 대한 편견을 많이 없앨 수 있었습니다. 결핵에 걸린 노숙인을 돕는 요양보호사 일은 체력적으로 쉽지 않은 일이었습니다. 업무는 많고 박봉인 일자리지만, 쉼터에 있는 다른 노숙자를 대하는 그의 자세

는 진지했고 성의가 있었습니다. 한때 본인도 결핵에 걸려본 적이 있었기에 삶의 모퉁이에서 몸에 병까지 얻은 노숙자의 마음을 누구보다 잘 이해하고 보듬어줄 수 있었습니다.

그가 머물고 있는 임대주택도 한없이 단출하기만 했습니다. 그는 그런 가운데서도 짬을 내어 열심히 공부하고 있었습니다. 그는 말합니다.

"밑바닥으로 다시 내려가지 않겠다는 생각이 확고하게 들어요. 검정고시 합격을 하고 나면 요양보호사보다 한 단계 위인 사회복지사를 도전해보고 싶어요."

미래에 대한 꿈을 꾸고 배움을 멈추지 않는 사람에게는 희망이 있습니다. 퇴근을 하고 피곤에 지쳐 누워 있을 법도 한 평일 저녁, 그는 노숙인을 위한 인문학 강좌를 듣기 위해 길을 나서고 있었습니다. 그는 일부러 빡빡한 일상으로 자신을 밀어넣으며 스스로를 채찍질하고 있었습니다. 어떻게 이렇게 다시 마음을 다잡는 것이 가능했냐고 묻자, 그는 '주변에서 잡아주는 사람이 있었기 때문'이라고 답했습니다. 우연히 노숙자의 자활을 돕는 기관 사람들을 만났고, 그들이 일을 할 수 있는 기회와 살 공간을 마련할 수 있는 방법을 알려줬다고 말했습니다. 그들이 없었다면 아마 자신은 길 위

를 전전하는 삶을 계속하고 있었을 것이라고 말합니다.

　그를 보면서 노숙자에게 자활의 기회를 주는 것이 얼마나 중요한지 새삼 깨달았습니다. 이와 함께 주거지와 일자리를 제공하는 것을 넘어서서 마음을 치료할 수 있는 기회를 주는 것도 우리 사회가 함께 고민해야 할 부분입니다. 배움과 공부는 사람을 더욱 사람답게 만듭니다. 배움을 통해 더 나은 내일을 꿈꾸고, 좋은 친구들과 소통하는 일상은 삶을 풍요롭게 합니다. 그가 지금 행복한 이유는 그런 일상을 현실로 만들었기 때문은 아닐까요? 도저히 노숙을 했다고는 상상하기 어려울 만큼 진중하고 성실했던 그를 보면서 가난을 바라보는 우리 사회의 시선이 달라질 필요가 있다는 확신을 얻었습니다.

가난은
누구 탓일까?

가난은 개인의 탓일까요, 아니면 사회의 탓일까요? 물론 둘 다일 것입니다. 그렇다면 가난을 보는 우리의 시선, 극빈층을 보는 우리 사회의 자세는 어떠해야 할까요? 노숙자를 만나며 이 질문에 대한 답을 찾고자 노력했습니다.

누구나 절박한 삶의 나락으로 빠질 가능성은 얼마든지 있습니다. 하지만 넘어지면 끝장이라는 절박함만이 감도는 사회, 넘어져도 나를 다시 일어설 수 있게 도와줄 안전망이 있다는 확신이 있는 사회. 이 두 사회는 질적으로 다를 것입니다. 지금 우리나라는 전자일까요, 후자일까요? 이 질문에 대한 답을 다르게 만들어가는 것이 우리의 책임이자 과제라는 생각이 듭니다. 부족한 기자에게 자신의 삶의 이야기를 들려주고, 선뜻 보여주고 싶지 않았을 자신의 주거 공간까지 열어 보여준 분들에게 감사드립니다. 그분들의 재기가 끝까지 성공할 수 있기를 진심으로 응원합니다.

이 리포트는 취재파일k에 발령받아 처음으로 만든 것이었습니다. 시사 다큐멘터리 프로그램을 만들어보고 싶다는 오랜 희망이 이뤄졌으니 의욕이 넘치던 때였습니다. 하지만 제작에 앞서 걱정이 많았습니다. 노숙자 아이템이라 과연 섭외가 될까, 모자이크 없이 방송이 가능할까. 이런저런 걱정을 하며 프로그램 제작을 시작했는데, 만나는 노숙자 분들마다 흔쾌히 얼굴을 가리지 않고 방송에 나가겠다는 뜻을 밝혀 놀랐던 기억이 납니다.

2주간 노숙자들이 잠을 청하는 거리에서, 자활에 성공한 그들의 일터에서 많은 얘기를 나눴습니다. 이 시간은 사람들이 흔히들 말하는 '인생의 끄트머리에 섰다'는 표현이 실제로 무엇을 의미하는지 알 수 있는 시간이었습니다. 그들의 인생사를 들으면서 안타까웠고, 이 가난의 해결 방법을 사회가 함께 고민해야 한다는 확신도 얻었습니다.

이 프로그램에는 두 분의 사연이 비교적 자세히 소개되었습니다. 현재도 노숙을 하고 있는 권성준 씨(가명), 그리고 노숙 생활을 벗어나 일을 하고 있는 김기준 씨가 그 주인공이었습니다. 권성준 씨는 실제 노숙을 하고 있는 모습부터 밥을 먹는 장면까지 촬영 협조를 해주셔서 많이 죄송하고 고마웠습니다. 촬영 중간중간 많은 얘기를 나누었습니다. 조각조각 잘 퍼즐이 맞춰지지는 않지만, 그분의 인생사를 들으며 인생의 고비들이 서글프고 안타까워서 목이 메었던 기억이 있습니다. 노숙을 오래하면 그것이 관성이 되어 그 생활을 벗어나기가 사실상 불가능해진다는 얘기를 들었습니다. 그분이 그런 상태인 것은 아닌가 염려가 되다가도 또 다른 한편으로 뾰족한 해답을 찾을 수도 없어서 답답했습니다.

반면 노숙 생활에서 벗어나 요양보호사로 일하고 있는 김기준 씨를 보면서는 희망과 위로를 받았습니다. 누군가가 적절한 시기에 손을 잡아주면 힘든 삶의 여정이 어떻게 바뀔 수 있는지를 보여주는 산증인 같았습니다. 그 연세에 새로운 공부를 한다는 것이 쉬운 일은 아닐 텐데 사회복지사 자격증 준비를 하며 끊임없이 공부하고 자신을 다잡아가는 모습이 존경스러웠습니다.

방송 이후 저는 김기준 씨와 몇 번 통화를 했습니다. 혹여 사생활이 너무 많이 노출된 것에 노여워하지 않을까 노심초사하며 통

화를 했었고, 이번에 책을 낼 준비를 하면서는 실명으로 책에 소
개해도 될 것인지 동의를 구하기 위해 통화를 했습니다. 그는 자기
같이 평범하고 별 볼일 없는 사람을 방송에 소개해줘서 오히려 고
맙다고 했습니다. 그리고 책에 자신의 사연을 실어도 좋다고 흔쾌
히 동의해줬습니다. 아직 사회복지사 자격증은 따지 못했지만 검정
고시는 계속 준비하고 있고, 가족과도 간간히 연락하게 됐다고 말
했습니다. 자기 얘기를 통해 다른 노숙자들이 힘을 얻을 수 있다면
그걸로 족하다는 말도 했습니다. 제게 많은 가르침을 준 김기준 님
께 다시 한 번 감사의 마음을 전합니다.

17

풍년이 하나도 반갑지 않은 이유 — 농민

[풍년의 역설, 흔들리는 농업 2015년 11월 15일 방송]

비가 부슬부슬 내리는 토요일 오후였습니다. 남대문 거리에 시커 먼 얼굴을 한 농민들이 빼곡히 모였습니다. 쌀, 배추, 무 등의 여러 농산물을 이고 지고, 정부에 항의의 표시를 하기 위해 서울 한복판 에 모였습니다. 2015년 11월 14일 전국민중총궐기 대회 자리. 원래 취재파일k 최종 녹화는 금요일입니다. 제작진은 아무리 늦어도 목 요일까지는 모든 기사 작성을 마쳐야 합니다. 하지만 11월 14일 토 요일은 출근을 했습니다. 이번 리포트의 주제가 농산물이 많이 남 아 어려움을 겪는 농민의 사정을 담는 것이니, 민중총궐기 모습까 지 담아서 리포트에 싣기 위해서였습니다.

휴일에 취재를 나가는 발걸음이 가볍지만은 않았습니다. 벌써 10년차. 오래간만에 큰 집회 취재 현장에 나간다고 생각하니 덜컥 긴장도 되고, 거대하게 움직이는 집회 대오를 따라다니는 것도 힘겹고, 시끄러운 발언과 구호에 집중하는 것도 쉽지 않았습니다. 인터뷰를 할 농민과 만나 빨리 인터뷰를 하고, 그렇게 황급히 집회 앞부분만 보고 현장을 떠났습니다. 토요일 저녁 늦게까지 해당 내용을 담아 리포트를 편집했고, 저는 민중대회가 무사히 끝났겠거니 생각하고 집으로 돌아왔습니다.

　하지만 그날 밤 뉴스를 보며 집회 분위기가 심상치 않게 돌아가고 있음을 알았습니다. '큰일 나지 않을까' 절로 걱정이 들었습니다. 그날 집회 현장에서 농민과 경찰의 대치 과정에서 백남기 농민이 경찰의 물대포에 맞아 사망했습니다. 내가 만났던 그 농민이 저 물

대포 아래에 있었을 생각을 하니 정말 마음이 아팠습니다. 집회결사의 자유와 공권력 행사의 보장 사이에서 수많은 논쟁이 오가는 이 가을. 저는 농민의 땀과 눈물을 담은 이 리포트를 몇 번이나 돌려보았습니다.

남아도는 쌀

11월의 어느 밤. 충남 보령의 한 농민회관을 찾았습니다. 이제 벼 수확을 거의 마치고 쌀을 팔아야겠는데 풍년과 함께 쌀 가격이 떨어져만 가니 농민들의 고민이 깊어지고 있었습니다. 올해 쌀 생산량은 426만 톤으로 지난해보다 2만 톤가량이나 늘어난 상태입니다. 자연스럽게 산지 수매 가격은 떨어졌습니다. 대농이 아닌 대부분의 중소 농민은 쌀 가격이 조금만 떨어져도 생계가 위태로워집니다. 풍년이 들면 기뻐해야 하는데 농민들은 그렇지 못하고 있었습니다.

"기계 값은 계속 오르는데 벼 값은 어떻게 10년, 20년 지나도 더 떨어져요? 10년 동안 아무것도 오르지 않은 상태에서 먹고 살기 위해서 몸부림치고 살았단 얘기예요."

농민들은 격앙되어 있었습니다. 올 가을 쌀 가격은 더 떨어졌고, 정부의 밥쌀용 쌀 수입은 계속되고 있습니다. 이 문제를 어떻게 해결해야 할지, 머리를 맞대는 농민의 주름이 깊어지고 있었습니다. 농민들의 회의는 밤이 깊도록 해답을 찾지 못한 채 이어졌습니다.

이곳에서 보령 농민회 총무로 일하는 이종협 씨를 만났습니다. 막바지 쌀 수확에 한창인 그를 따라나서 보기로 했습니다. 그는 20년째 쌀농사를 짓고 있었습니다. 농사를 지어 자식들 공부시키고 부모님 부양도 해왔습니다. 쌀은 그에게 단순한 밥을 넘어선, 생계유지의 수단 그 자체입니다. 하지만 갈수록 쌀농사로 생계를 유지하기가 어려워지고 있습니다. 올해 쌀 가격은 80킬로그램 한 가마에 154,000원가량, 지난해 수확기 평균 가격보다 8%가량 떨어졌습니다. 농기계 임차료, 인건비, 비료 값 등을 따져보면 쌀 한 가마를

생산하는 데 20만 원이 훌쩍 넘어갑니다. 쌀 직불금 등 다른 보전 수단이 없으면 현실적으로 농사를 짓기가 어려운 상황인 겁니다. 이런 상황에서 쌀 수매 가격이 떨어지는 것은 그에게 청천벽력 같은 소식입니다.

농민은 쌀을 수확해 정부와 농협에 팔기도, 민간 수매업자에게 팔기도 합니다. 그도 대다수 농민이 그러하듯 우선 농협으로 쌀을 팔기 위해 나섰습니다. 이미 농협 창고는 농민들이 가져온 쌀로 발 디딜 틈이 없었습니다. 아직 농협도 쌀 수매 가격을 정하지 못한 상황. 이 농협은 농민들에게 쌀 40킬로그램에 4만 원가량의 선불금을 주고, 차액은 연말에 가격을 결정한 뒤 보전해주기로 한 상태였습니다. 농민들은 한 해의 땀이 깃든 쌀을 가마니째로 넘기고 일단 선불금을 쥐고 돌아서긴 하지만, 쌀 수매 가격이 어느 정도로 정해질지 저마다 마음을 졸입니다.

쌀 농가는 얼마나 벌고 있나

우리나라 쌀 농민들은 얼마나 수입을 올리고 있는 걸까요? 통계를 자세히 분석해봤습니다. 우리나라 쌀 농가는 77만 가구입니다. 물론 대농과 소농의 차이가 크겠지만, 일단 일률적으로 쌀 재배 면적과 농가수를 나누어 보았습니다. 쌀농사를 짓는 농가는 한 농가에 평균 11,000제곱미터가량, 그러니까 3,300

평가량 벼농사를 짓는 것으로 나타났습니다. 그리고 한 농가에서 생산하는 쌀의 양은 연평균 50가마니 정도. 이렇게 해서 한 농가가 버는 돈은 한 해 평균 1,600여만 원, 순수익은 고작 500여만 원에 불과했습니다. 물가도 인건비도 올랐지만 여전히 농산물 가격은 제자리걸음. 농민들의 수익도 거의 10년째 큰 변동이 없었습니다. '농민들이 죽어간다'는 말이 단순한 엄살만은 아니었던 셈입니다.

또 농민들이 분통을 터뜨리는 부분이 있었습니다. 이렇게 우리 쌀이 남아돌아 가격이 자꾸만 떨어지는데, 정부가 계속해서 수입 쌀을 들여온다는 겁니다. 시중에 팔리고 있는 중국산이나 미국산 밥쌀은 우리 쌀보다 20킬로그램 한 포대에 만 원가량 저렴합니다. 이런 쌀은 주로 기업체나 식당 등에서 소비됩니다. 저렴한 쌀이 시중에 풀리는 상황에서 우리 쌀이 경쟁력을 갖기는 매우 어렵습니다. 사정이 이런 데도 정부는 WTO 협정에 따라 올해 쌀 의무 수입 물량 40만 톤을 들여왔고, 이 가운데 12만 톤을 밥쌀용 쌀로 수입했습니다. 이 부분을 두고 농민과 정부는 치열한 논쟁을 벌이고 있습니다. 농민들은 지난 2014년 9월 정부가 쌀을 관세화하면서 올해부터 밥쌀용 쌀을 의무적으로 수입하는 조항이 없어졌는데도 정부가 밥쌀용 쌀을 계속 들여오는 것을 납득할 수 없다고 목소리를 높이고 있습니다. 굳이 그 규칙을 지키지 않아도 됨에도, 한국 정부가 스스로 무역 조항을 지나치게 엄격하게 해석해 밥쌀용 쌀을 계속 들여오는 위험한 행동을 하고 있다는 겁니다.

하지만 정부는 밥쌀용 쌀을 들여오지 않으면 자국의 상품과 다른 나라의 상품을 동등하게 대우해야 한다는 '내국민 대우 원칙'에 어긋나기 때문에 밥쌀용 쌀도 계속 들여와야 한다는 입장을 유지하고 있습니다. 농림부 관계자는 국내에서 쌀이 밥쌀용과 가공용으로 같이 유통되고 있는 만큼, 수입 쌀에 대해서도 전량 가공용으로만 수입할 경우 무역 일반원칙에 어긋난다고 강조했습니다.

무역 조항을 어떻게 해석하느냐에 따라 첨예하게 달라지는 논쟁 속에서 갈피를 잡기는 쉽지 않습니다. 전문가들 사이에서도 이 부분에 대해서는 의견이 첨예하게 엇갈렸습니다. 그러나 한 가지 분명한 것은, 쌀 가격은 오르지 않고 있다는 것입니다.(실질적으로 떨어지고 있다는 것) 그런데 가격이 훨씬 싼 밥쌀용 외국쌀이 계속 들어오고 있다는 점이었습니다.

남아도는 우유

남아도는 것은 또 있었습니다. 바로 우유입니다. 경북 경산에 있는 축산 농민 김상범(가명) 씨를 만났습니다. 그를 만난 날 얼굴에 수심이 깊었습니다. 7년 동안 낙농업을 해온 김씨. 80여 두에 달하는 소를 하나둘 도축하고 이제 15마리만 남겨두고 있었습니다. 낙농업을 아예 접기로 마음먹었기 때문입니다. 제가 방문한 그날도 한 마리의 젖소가 도축장으로 향하고 있었습니

다. 트럭에 오르지 않으려는 소와 씨름을 하는 그의 눈시울이 붉어
졌습니다. 송아지 때부터 젖을 먹여 기르고, 행여 병이 들지는 않을
까 노심초사하며 길렀던 순간들이 주마등처럼 머리를 스쳐 지나가
는 모양이었습니다.

최근 우유 생산량이 급격히 늘면서 낙농 관련 단체는 우유 생산
량 줄이기에 비상이 걸렸습니다. 이에 따라 올해 도축된 젖소만 3
천 8백여 두에 달합니다. 우유가 남아돌면서 유업체는 축산 농민에
게 사기로 약속한 우유 총량, 이른바 '우유 쿼터'를 대폭 줄였습니
다. 축산 농민은 납품할 우유량을 돈을 주고 사고팔기도 합니다. 이
런 우유 쿼터를 대량으로 사둔 축산 농가는 우유 공급량을 줄이겠
다는 유업체의 통보에 당황할 수밖에 없었습니다.

20년 넘게 젖소를 키워온 안송주(가명) 씨는 지난해 우유 쿼터를 샀습니다. 리터당 쿼터 가격은 30만 원. 안씨는 은행 대출까지 받아 1억 8천여만 원을 들여 매일 600리터의 우유를 유업체에 공급할 수 있는 쿼터를 샀습니다. 하지만 올 봄 조합으로부터 우유 소비가 줄어 사정이 어려우니 하루에 20리터씩을 줄여서 납품하라는 통보를 받았습니다. 큰 손해를 입게 된 안씨는 우유가 남으면 남는 대로, 모자라면 모자라는 대로 요동치듯 변하는 가격 정책에 이제 신물이 난다고 말했습니다.

올해 보관된 우리나라 우유 재고량은 27만여 톤. 하지만 1인당 우유 소비량은 32.5킬로그램으로 10년 전보다 4.6킬로그램이나 줄었습니다. 유업체도 사정이 딱하기는 마찬가지였습니다. 업체들은 우유 가격 연동제에 따라 농민에게 정해진 가격을 지불해야 합니다. 우유 소비량은 해마다 줄어들고 있는 상황에서 농민에게 지불해야 할 우유 가격은 고정되어 있으니, 유업체도 적자를 면치 못하고 있는 겁니다. 우유가 남아돌면 가격을 낮춰서 경쟁력을 갖추라는 얘기는 현재의 상황에서는 합당하지 않은 얘기인 셈입니다. 유업체 관계자는 말합니다.

"어떻게 답을 찾아야 할지 잘 모르겠다. 진퇴양난이다."

해법은
있는가?

　　　　　　어떻게 이 생산과 수요의 불균형을 해결할 수 있을까. 수요가 줄면 농산물 공급도 줄이고, 수요가 늘면 농산물 생산도 촉진하면 되는 것일까. 취재 과정에서 만난 윤석원 교수는 이렇게 말했습니다. 농촌을, 농업을 그렇게 단순하게 보면 안 된다고 말입니다. 농업은 1차 산업입니다. 수요와 공급이 딱 맞으면 좋겠지만 지구상의 어느 나라도 그렇게 할 수는 없습니다. 윤 교수는 흉작과 풍작을 어찌 인력으로 적절하게 조율할 수 있겠냐고 반문했습니다. 농산물은 수요와 공급이 일치하지 않는 것이 정상이고, 그렇기 때문에 시장 논리와는 별도로 정부가 개입해서 보호해야 할 대상이라고 강조했습니다. 그리고 이렇게 덧붙였습니다. 농촌은 돈으로 환산할 수 없는 기능, 즉 환경 보전의 기능, 공동체 유지의 기능, 고령 노동력 이용의 기능을 하고 있기 때문에 더더욱 돈의 논리만으로 접근해서는 곤란하다고 말입니다. 천문학적인 농업 보조금을 쏟아붓는 선진국의 예를 들며 '지켜내야 할 대상'으로서의 농촌 사회의 특수성을 설명했습니다. 결국 농산물이 갖는 수요와 공급의 불일치를 인정하고, 흉년과 풍년 어떤 상황에 처하더라도 농민이 안정적으로 생업에 전념할 수 있도록 정책적으로 도와야 한다는 얘기입니다. 그것이 당장은 불필요한 예산 낭비처럼 보일지 몰라도 장기적으로 이 나라의 생태와 마을 공동체를 지키고, 식량

자주권을 지키고, 국민의 건강을 지켜내는 데 큰 역할을 한다는 것이 윤 교수의 말이었습니다. 물론 이와 함께 우리 농업을 좀 더 현대화하고, 새로운 수익을 창출할 방안을 모색해나가는 작업도 늦추지 말아야 할 것입니다.

2015년 정부 양곡창고에는 국내산 쌀 87만 톤, 수입산 쌀 50만 톤 등 모두 137만 톤의 쌀이 쌓여 있습니다. 재고 쌀을 관리하는 데만 해마다 5천억 원이 넘는 예산이 듭니다. 재고를 보관해야 하는 정부, 수익이 악화된 농민 모두 풍년에 힘겨워하고 있었습니다. 우리의 농촌은 국제 경쟁력이 약합니다. 또 국산 농산물의 수요도 감소하고 있습니다. 농업의 구조적 문제를 해결할 근본 대책 마련을 더는 미룰 수 없는 상황에서 우리 농민의 살림살이는 해마다 힘겨워지고 있습니다. 개방과 보호. 이 두 가지 묘수를 적절히 섞어갈 지혜가 그 어느 때보다 절실합니다.

민중총궐기 대회에서 경찰 물대포에 맞아 사망한 백남기 농민 사건은 이 리포트가 방송된 이후, 그 다음 주 내내 계속 큰 이슈가 되었습니다. 물대포에 맞는 백남기 농민의 동영상을 볼 때마다 대한민국 국민 대다수가 그러했듯 저도 마음이 정말 아팠습니다. 저는 쏟아져 나오는 민중총궐기 대회 관련 뉴스를 볼 때마다 토요일 집회 현장에 조금 더 있다가 왔었어야 했나 후회했습니다. 너무 일찍 철수하는 바람에 농민들의 분노와 아픈 마음을 제대로 담지도 못하고, 리포트의 구색만 맞추는 취재를 한 것은 아닌지 후회와 반성이 컸습니다.

한 민간 쌀 수매업자와의 인터뷰입니다.

"농민들한테는 쌀값 계산해주고 뒤통수 쳐다보면 안 됐기도 하고 미안하기도 하고. 농민들이 벼 베어 가지고 오면 차라리 개나 돼지 삶아주는 게 낫지 않겠냐고 그런 소리도 가끔 해. 농민들 눈물 글썽하면서 서글퍼하지."

농민들 중에서도 부익부 빈익빈이 얼마나 큰지, 가진 것 없어 큰 농사를 못 짓는 농민은 쌀 가격이 떨어지면 농사 안 짓고 노느니만 못한 상황이 종종 벌어진다고 했습니다. 해당 인터뷰 내용이 방송을 탔고, 이후 그 쌀 수매업자는 제게 따로 전화가 왔습니다. '사람들은 농민들 편들면 편향됐다고 하죠? 그래도 모르는 얘기예요. 흙 파먹고 사는 사람들, 정말 살기 어려워요. 그 맘을 헤아려줘서 고맙습니다.'

검게 그을린 얼굴을 하고 카메라 앞에 섰던 농민들의 얼굴이 오랫동안 잔상에 남았습니다. 농업은 시장주의적 관점에서 이 상품이 이익이 되느냐, 안 되느냐로 보기보다 한 사회의 전통적인 공동체를 지키고, 자연환경을 보호한다는 관점에서 봐야 한다는 윤석원 교수의 말도 계속 마음에 남았습니다. '돈 안 되는 농업'에 왜 많은 선진국은 막대한 자본을 쏟아붓고 있는 걸까요? 그들의 걸음이 역설적으로 농업의 가치를 가장 잘 설명해주고 있습니다.

올해도 또 '풍년의 역설'은 계속되고 있습니다. 이 문제를 어떻게 풀어야 할지 답을 찾기가 어렵습니다. 풍년을 풍년 그대로 기뻐할 수 있는 때가 언젠가는 꼭 왔으면 좋겠습니다.

18

자부심 하나로
살기에는 너무 힘든 현실 - 소방관

[인정받지 못하는 소방관의 눈물 2016년 2월 4일 방송]

7년 전 사회부원으로 있을 때였나 봅니다. 야근을 하고 있는데 교통사고가 났습니다. 새벽 2시쯤 서초동 사거리에서 사고가 났는데 한 명이 사망한 것 같다는 제보를 받았습니다. 졸린 눈이 번쩍 뜨였습니다. '큰 사고구나. 아침 뉴스에 리포트를 해야겠구나.' 다급하게 달려가 보니 이미 그곳에는 소방관들이 와서 부상자를 병원으로 옮기고 사망자를 수습하고 있었습니다. 소방관들이 하는 일을 가까이서 똑똑히 본 것은 그때가 처음이었습니다. 그들의 손길은 민첩했고, 다급했고, 나중에는 절박하기까지 했습니다. 눈을 돌려 쳐다보고 싶지도 않은 사체를 똑바로 보고, 수습하고, 옮기는 그분들의 손길에서 뭔지 모를 숭고함도 느껴졌습니다. 기자들은 수시로 소방본부에 전화를 합니다. 화재는 없는지, 교통사고는 없는지, 다른 사건사고는 없는지. 수습 시절엔 시간 단위로 거의 모든 언론사 기자가 소방서에 전화를 합니다. 보고를 하기 위해서는 어쩔 수 없는 일이지만, 행여 내 업무가 그분들의 업무를 방해하고 있지는 않는지 전화기를 들 때마다 정말 미안해지곤 했습니다. 그리고 결심했습니다. 기회가 되면 꼭 소방관이 어떤 일을 하고 있는지, 어떤 어려움을 겪고 있는지를 담은 기획보도를 하겠노라고요. 그렇게 10년차 기자가 되어 소방관을 만나러 가는 길, 왠지 모를 책임감마저 느껴졌습니다.

죽을 고비를 넘긴 소방관
그 이후

첫 목적지는 전라도 광주였습니다. 한쪽 팔을 잃고 재활 훈련을 하고 있다는 노석훈 소방관을 만나기 위해서였습니다. 노석훈 소방관은 올해 15년차 소방관입니다. 밝은 미소, 정다운 말투. 어느 곳에서 만났더라도 '참 따뜻한 사람'이라는 느낌을 받았을 법한 소방관이었습니다. 그런 노 소방관을 병원에서 만났습니다. 노 소방관은 한쪽 팔꿈치 아래를 모두 절단했고, 다른 팔도 근육이 소실돼 제 기능을 충분히 하지 못하고 있는 상태였습니다. 노 소방관이 사고를 당한 것은 2015년 8월이었습니다. 전신주에 매달린 벌집을 제거하다가 감전 사고를 당했습니다. 주변에 고압 전류가 흐르고 있다고 생각지 못하고 도구를 이용해 벌집을 제거하려다 변을 당한 겁니다. 감전을 당한 순간 노 소방관은 그 자리에서 의식을 잃었고, 10여 일 후에서야 정신이 돌아왔습니다. 온몸에 전류가 흘러 피부뿐만 아니라 내장기관 곳곳에도 심한 화상을 입었습니다. 모두들 가망이 없다고 고개를 내저었지만 그는 기적적으로 살아났습니다. 눈을 떠보니 한쪽 팔 아래가 이미 괴사되어 있었습니다. 결국 그는 한쪽 팔을 절단해야 했습니다. 노 소방관은 당시를 회상하며 이렇게 말했습니다. '수술해야 한다고 절단해야 한다고 그렇게 물어보면서 시간을 얼마 정도 주더라고요. 생각할 시간을. 정말 어려운 시간이었습니다. 너무 아팠어요. 하루에 열이 40도로 몇 번씩이나 오르내리고. 그때는 너무 아파서 차라리 죽었으면 하는 생각도 했거든요.' 그 아픔은 느껴보지 않은 사람은 상상도 못할 것이라는 노 소방관. 그렇게 그는 한쪽 팔을 잃고, 온몸에 상처를 입은 채로 치료를 계속하게 됐습니다.

하지만 노 소방관은 좌절하지 않았습니다. 20여 번의 수술을 해야 했고, 생사의 고비를 몇 번이나 오가야 했지만 다시 일터로, 소방관으로 돌아가야겠다는 뚜렷한 목표가 있었기 때문입니다. 하지만 경제적인 문제는 그에게 분명한 짐이 되었습니다. 1억여 원에 가까운 수술비 가운데 6천여만 원은 보험으로, 나머지 금액 가운데 70%는 연금공단에서 보조를 받아 해결했지만, 나머지 천여만 원은 고스란히 본인 부담으로 돌아왔습니다. 더 큰 문제는 의수 비용이었습니다. 업무에 복귀하기 위해서는 미용의수가 아닌 전동의수

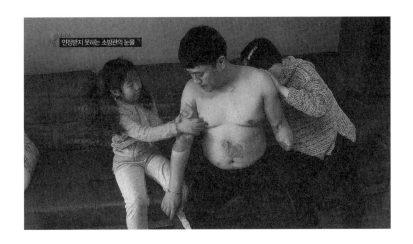

가 반드시 필요했습니다. 그래서 3,800만 원 정도하는 의수를 구입하게 되었습니다. 하지만 공무원 연금법상 의수의 보조금 상한선은 550여만 원으로 정해져 있었습니다. 3천 3,300여만 원은 사비에서 나가야 하는 셈입니다.

저는 물었습니다. '억울하지 않으세요? 일하다가 다친 건데 사비로 의수를 마련해야 하다니요.' 노 소방관은 말했습니다.

"아니오. 우리에게는 대출이라는 좋은 제도가 있잖아요. (웃음) 앞으로 일해서 갚으면 되죠. 그래도 제도가 좀 바뀌었으면 하네요. 저 말고 다른 사람은 이런 고통 없도록."

그의 웃음에 더 마음이 아팠습니다.

왜 아파도 아프다고 말을 못할까

우리나라 소방관 10명 가운데 8명은 다쳐도 공상 처리를 하지 않는다고 답했습니다. 인사상의 불이익이 올까봐, 소속 기관에 해가 될까봐 그렇다고 답했습니다. 실제로 공상 처리 소방관이 많이 나온 소방서는 벌점을 받은 전례가 있기에 소방관들은 더욱 공상 처리에 소극적일 수밖에 없습니다. 몸이 아픈

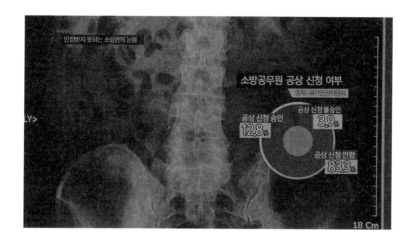

것과 함께 소방관들의 상당수가 마음도 많이 아픈 것으로 드러났습니다. 우리나라 소방관 10명 가운데 한 명은 우울증을 겪고 있고, 5명 가운데 1명은 불면증을 호소하고 있는 것으로 나타났을 정도로 소방관의 근무 스트레스는 심각합니다. 순직한 소방관보다 자살한 소방관이 더 많다는 통계는 그래서 더 가슴 아프게 다가옵니다. 재난재해의 최일선에서 국민 안전을 위해 뛰는 사람들을 위해 제대로 된 정신적, 신체적 안전 보장책이 없다는 것은 우리 사회가 반성해야 할 모순 중에 하나라는 생각이 들었습니다. 그렇게 저는 다음 행선지인 경상남도 산청에 있는 소방서로 향했습니다.

순직
그 이후

　　　　　2015년 8월 벌집을 제거하다 숨진 고 이종 태 소방관이 일하던 산청 소방서 산악구조대로 향했습니다. 날씨가 정말 추웠습니다. 겨울철인지라 산악구조대는 업무가 많지 않은 편 이었습니다. 15명이 근무하는 산악구조대. 한 팀에 다섯 명. 등산객 이 많은 철이 오면, 산악구조 대원들은 감당하기 어려울 정도의 격 무에 시달립니다. 구조를 하러 가고 있는데 또 다른 어딘가에서 화 재가 있다거나 한꺼번에 두 개의 구급 상황이 발생하면 다섯 명이 라는 인원으로는 도저히 처리가 불가능하기 때문입니다.

　고 이종태 소방관의 동료였던 최준규(가명) 소방관에게 물어봤습 니다. '등산객이 다치면 어떻게 이송하나요?' 최 소방관은 당연한 듯이 말했습니다. "업고 뜁니다." 저는 깜짝 놀랐습니다. 등산객을 업고 산을 뛰어 내려온다니! 산행을 하다가 갑자기 마비가 오거나 다친 등산객은 일단 소방서에 연락을 하고 봅니다. 헬기를 띄우기 에는 사고가 경미하고, 차량이 접근할 수는 없는 산속. 소방관들은 그 산속을 뛰어서 올라가고, 환자를 업고 내려옵니다. 디스크는 일 상적인 질병이고, 무릎 관절은 늘 쑤시지만 어쩔 도리가 없습니다. 100킬로그램에 달하는 남성을 업고 산을 탄 기억도 많다면서 60킬 로그램 정도 되는 여성은 업는 것 같지도 않게 가볍다고 웃으며 말 했습니다.

그렇게 업무를 하다가 벌집 제거 출동 명령을 받기도 합니다. 이종태 소방관이 세상을 떠난 날도 그랬습니다. 정신없이 바쁜 업무에 치이고 있었고, 벌집을 제거해달라는 신고는 어김없이 들어왔습니다. 당시 한 명은 보호 장구를 하고 있었고, 이종태 소방관은 미처 보호 장구를 착용하지 못했습니다. 벌집을 건드리는 순간 한꺼번에 10여 마리의 벌이 날아와 이종태 소방관을 쏘았습니다. 이 소방관은 쇼크사했습니다. 고인이 세상을 떠난 자리로 가서 동료 최준규 소방관을 인터뷰했습니다. 눈시울이 붉어지더니 이내 목이 메어 중간에 잠깐 인터뷰가 끊어지기도 했습니다. 그는 동료의 죽음을 감당하기가 벅차다고 말했습니다.

유가족과 동료들을 더 마음 아프게 한 것은 동료의 죽음에 대한 이 나라의 처분이었습니다. 인사혁신처는 벌집 제거 업무는 위험 업무에 해당하지 않는다고 보았습니다. 그래서 이종태 소방관에 대해 위험순직 처리를 하지 않았습니다. 대신 일반순직, 이른바 공무상 사망 처리를 했습니다. 불을 끄거나 인명을 구하지 않았으니 공무상 사망이라는 겁니다. 위험순직과 일반순직은 보상 금액이 배가량 차이가 납니다. 유가족은 정부의 판단에 이의를 제기한 상태입니다.

전문가들은 말했습니다. 실제로 소방관이 하는 벌집 제거, 길 고양이 구하기 등 모든 업무는 매우 중요하고 또 위험하다고 말입니다. 그렇다면 업무의 중요성을 인정해주고, 불의의 사고가 있을 경우 제대로 보상해주려는 노력이 필요한데 여전히 고위층은 예전 기준으로만 생각하고 있다고 말입니다. 그의 죽음과 그에 따른 처리 과정은 동료들과 유가족의 마음속에 그렇게 한 번 더 생채기를 내고 있었습니다.

왜 소방관들은 국가직 전환을 요구하고 있을까?

우리나라 소방관 한 명이 담당하는 인구수는 1,341명입니다. 일본 820명, 미국 1,075명, 프랑스 1,029명 등 선진국에 비해 훨씬 많습니다. 여타 선진국에 비해 월급도 현저히 적습니다. 대다수 소방관은 현재의 우리나라 소방관 조직 자체가 그들의 처우를 갈수록 열악하게 만들고 있다고 입을 모았습니다.

우리나라 소방공무원은 국가안전처 행정 직원과 지자체 본부장 등 400여 명을 제외하고는 대부분 지자체에 소속된 지방직 공무원입니다. 그렇기 때문에 소방 예산도 소방관의 처우도 지자체별로 천차만별입니다. 지자체별 예산이 최대 30배 가까이 차이가 났습니다. 지자체장의 의지에 따라 혹은 지자체의 예산 사정에 따라 소방공무원의 근무 환경에는 큰 차이가 있습니다. 문제는 돈을 투입한 표시가 당장 드러나지 않는 안전 관련 예산에 지자체 예산을 선뜻 투입하려는 지자체장이 많지 않다는 사실입니다.

그래서 대부분의 소방서는 만성적인 인력 부족과 예산 부족에 시달립니다. 18개 지자체 가운데 11개 지자체 소방본부는 인력 부족률이 40%가 넘습니다. 구급차나 소방차에 탑승해야 하는 필수 인원보다 인력이 40% 넘게 부족한 지자체가 전체의 11개에 달한다는 얘깁니다.

소방관들은 열악한 현실을 극복하고 국민 안전을 위해 일할 수 있기 위해서는 소방관이 국가직으로 전환되어야 한다고 목소리를 높였습니다. 국민 안전은 국가 전체의 문제고, 지자체의 예산에 따라 흔들려서는 안 되는 분야인 만큼 소방 조직도 하나로 통합되어야 한다는 겁니다.

하지만 이에 대해 정부는 소방은 지자체의 고유 업무고, 당장 소방관을 국가직으로 전환할 경우 대규모 국비가 필요한 만큼 소방관의 국가직 전환은 신중해야 한다는 입장입니다.

왜 그 소방관은 거기에 있었을까

취재를 하면서 격무에 시달리다가 스스로 목숨을 끊은 소방관의 유가족을 만났습니다. 해당 소방관은 대부분의 지방 소방서 소속 소방관들이 그러하듯 만성적인 인력 부족에 시달리며 근무하고 있었습니다. 하루에 많게는 대여섯 차례씩 구조와 구급 활동에 나서야 했던 그는 오랫동안 심각한 불면증에 시달려 왔습니다. 그렇게 격무에 시달리다가 스스로 세상을 떠난

그분의 영정사진 앞에서 할 말을 찾을 수 없었습니다. 가족 간의 불화도, 다른 어려움도 전혀 없었기에 가족들은 그의 선택을 업무 상 재해로밖에 볼 수 없다고 주장했습니다. 그분들을 만나고 난 뒤 부터 방송이 나가기까지 침대에 누워 잠들 때마다 돌아가신 소방 관의 영정사진 속 웃음이 떠올라 한동안 괴로웠습니다. 왜 돌아가 셨을까. 왜 그랬을까.

지난 2010년부터 2014년까지 5년간 순직한 소방관은 33명, 스스 로 목숨을 끊은 소방관은 35명에 이릅니다. 한 달에 한 명 꼴로 소 방관이 세상을 떠난 것입니다. 정부 조사에서도 우리나라 소방관 10명 가운데 한 명은 우울증을 겪고 있고, 5명 가운데 1명은 불면 증을 호소하고 있는 것으로 나타났을 정도로 소방관의 근무 스트 레스는 심각한 것으로 드러났습니다. 잠도 못 자고 일하며 참혹한 현장을 계속적으로 목격해야 하는 소방관들. 잠재적으로 스트레스가 축적되고 있는 겁니다.

그들도 보호가
필요하다

모든 직업은 그 직업 나름의 가치가 있습니다. 노동자는 일터에서 존중받아야 하고, 안전하게 일할 수 있어야 겠지요. 그 기준이 소방관이라고 해서 예외가 될 수는 없습니다. 사람을 구하고, 살리고, 재난을 막아내는 최일선에 있는 사람이라고 해서 사명감과 희생만을 강요할 수는 없는 일입니다. 다쳤을 때, 그리고 불의의 사고로 목숨을 잃었을 때 그들이 겪고 있는 억울함에 우리 사회는 적절한 답을 내놓을 의무가 있습니다. 취재를 하면서 만난 한 소방관은 이런 말을 했습니다.

"집에 불이 났는데 가장이 제일 뒤에 나와야 되지 않겠습니까. 그런 생각으로 불을 끕니다. 가정이나 직장이나 똑같다고 생각하며 살고 있죠. 가장이 자기가 먼저 살려고 나가진 않을 거 아닙니까."

가족을 지키는 가장의 마음이 아니었다면 이 일을 계속하기 힘들었을 것이라고 말하던 소방관의 눈빛이 오랫동안 기억에 남았습니다. 그 사명감을 지켜주기 위해 소방관의 처우를 합리적으로 개선해 나가야 합니다. 그것이 공상 처리 기준 완화가 되었든, 국가직 전환 시도가 되었든 간에 국민의 안전을 책임지는 그들의 안전 또한 우리가 지켜줘야 하지 않을까요?

삶과 죽음의 경계를 오가고 있는 4만 명의 소방공무원. 오늘도 소방관들은 누가 보든 보지 않든 재난의 현장으로 제일 먼저 달려 나갑니다.

취재를 하고 나서 '마음이 따뜻해진다'는 느낌을 받기는 참 쉽지 않습니다. 기자들 뉴스의 대부분이 고발 뉴스입니다. 그러니 리포트를 만드는 과정의 대부분은 누군가를 비판하고, 그에 대한 상대의 대응에 논리적으로 반박하는 과정으로 가득 차 있는 경우가 많지요. 간혹 이렇게 '소방관의 눈물'과 같은 미담성 리포트를 만들 때면, 그래서 조금은 마음이 정화되는 느낌을 받곤 합니다. 함께 울수도 웃을 수도 있으니까요.

전라도 광주에서 만난 노석훈 소방관은, 인간이 자신의 직업을 통해 인생의 '소명'을 실천하는 것이 어떤 것인지 몸소 보여준 분이었습니다. 보통 사람이라면 그런 상황에서 웃을 수 없었을 텐데도 그는 웃었습니다. 원망과 비난이 먼저 나올 법한 과정 속에서도 긍정적인 마음으로 자신 앞에 닥친 문제를 어떻게 해결해야 할지 합리적으로 고민하고 있었습니다. 그 모습이 놀라웠습니다. 소방관이라는 직업이 얼마나 보람 있고, 소중한 직업인지 설명하는 모습도 겸손하고 진실했습니다. 노석훈 소방관은 저희 프로그램 인터뷰를 하고 나서 또 한 번의 대수술을 받았습니다. 방송 이후 걱정이 돼서 연락을 드렸는데 예상보다 훨씬 목소리가 밝아서 다행스러웠습니다.

노 소방관은 취재진과의 인터뷰에서 '한쪽 팔을 잃은 데다 체력을 회복하는 데 분명히 한계가 있는 만큼 외근직은 힘들겠지만, 내근직 소방관으로 다시 일터로 돌아가고 싶다'고 말했습니다. 비싼 의수를 산 것도 다시 일을 하려면 손으로 좀 더 정교한 작업을 할 수 있어야 하기 때문이라고도 말했습니다.

　이번에 책 출간 준비를 하면서 노 소방관에게 다시 연락을 했습니다. 예상했던 대로 복직을 해서 일을 하고 있다고 했습니다. 그리고 너무 많은 분들이 걱정해주고 도와줘서 정말 고맙다고 했습니다. 제가 만약 그런 상황이라면 어땠을까. 감사할 수 있었을까. 쉽지 않은 일이었을 것 같습니다. 일하다 다쳐서 죽을 뻔했는데, 거액의 자기 돈을 보태서 치료받고 의수도 마련하는 과정이 '감사할 상황'만은 아닐 수도 있으니까요. 그래서 노 소방관의 계속된 감사 표현은 오히려 제 마음을 아프게 했습니다. 비록 앞으로 사건 현장에 직접 나가기는 어렵겠지만, 내근직 소방관으로서 맡은 바 소임을 다하고 싶다는 노석훈 소방관. 오늘도 열심히 일하고 있을 그가 앞으로 더 건강하게 오랫동안 행복하게 생활할 수 있기를 기도합니다.

위로받고 위로하고

2014년 10월에 '취재파일K' 팀에 합류해 2016년 여름까지 20여 개의 프로그램을 만들었습니다. 책을 출간하기 위해 취재 이후 소식을 전하지 못했던 많은 분에게 다시 연락을 취했습니다. 취재 당시의 문제가 잘 해결되어 행복한 일상으로 돌아간 분도 있었고, 그렇지 못한 분도 있었습니다. 흔쾌히 실명을 책에 실어도 된다고 허락한 분도 있었고, 되도록 가명으로 해달라거나 내용을 아예 빼달라는 분도 있었습니다.

그분들의 사연을 다시 보듬어 갈무리하는 과정이 매우 힘들었지만 큰 보람도 느꼈습니다. 억울한 사연에 마음 아파하고, 그것을 모른 척하는 우리 사회의 제도적 모순에 분통을 터뜨렸던 지난 시간이 제 개인의 인생도 조금은 성숙하게 만들었다는 생각이 들었기 때문입니다.

아직 우리 사회에는 너무나 바뀌어야 할 것이 많습니다. 그리고 사회를 바꾼다는 것은 참 많은 고통이 따르는 일인 것 같습니다. 하지만 한 사람, 두 사람 무언가가 바뀌어야 한다고 인지하기 시작하고 조금씩이나마 노력해 나간다면 언젠가는 여러 모순이 분명히 시정될 것이라고 믿습니다.

　지금 저는 캠브리지 대학교 안에 있는 한 도서관에서 이 글의 마무리 작업을 하고 있습니다. 기자로 오래 일한 것은 아니지만, 기자 일을 하면 할수록 인간으로 태어나 세상을 헤쳐 나간다는 것이 얼마나 불안정하고 어려운 일인지 절감합니다. 인생사의 여러 어려움에 대응하는 방법을 찾는 데 있어서 개개인에 초점을 맞춰 본다면 긍정적인 마음, 단단한 의지 같은 것들이 분명히 중요할 것입니다. 하지만 어려움에 처한 사람들에게 '힘을 내라, 잘 극복하라'고 격려만 하는 것은 참 무책임한 일인 것 같습니다. 어떤 법안에 문제는 없었는지, 더 나은 체제와 시스템은 없는지 찾아보려는 노력이 분명히 필요합니다. 지금 제가 이곳에 와서 공부하는 이유도 '다수의 인생을 조금이나마 더 행복하게 해주는 체제가 어디쯤에 있을까' 하는 궁금증이 컸기 때문입니다. 물론 공부를 한다고 해서 반드시 정답을 찾을 수 있는 것은 아니겠고, 제가 더 나은 기자가 되리라는 보장은 없습니다. 하지만 배움을 통해 아주 조금이나마 제 식견을 넓혀갈 수 있다면 정말 좋을 것 같습니다.

아직 인생에 대해 아는 것이 적은 젊은이지만, 저에게도 딴에는 감당하기 어려웠던 순간이 있었습니다. 저는 그때마다 제 인생을 당신 뜻대로 이끌어달라고 기도해왔습니다. 그리고 내 인생의 어려움이 가장 큰 것인 양 함부로 자조하지 않게 해달라고도 기도했습니다. 그런 면에서 이 책 속에 등장한 많은 취재원은 제 인생의 스승이 되었습니다. 그분들이 말하는 수많은 인생의 희로애락과 우리 사회의 문제점을 보고 듣는 과정에서, 겸손하게 삶을 대하는 태도만은 분명히 배웠기 때문입니다.

역사의 진보를 믿고 인간의 변화 가능성을 믿기에 이 모든 고통의 과정 속에서도 더 많은 분이 힘을 내셔야 한다고 생각합니다. 우리의 '아직'에 절망하기보다 우리 속에 있는 '이미'를 발견하며 살아가다 보면 찬찬히 조금씩은 더 나아지지 않을는지요. 이 책의 독자가 몇 명이 되든 간에 이 작은 책을 통해 위로받고 위로하고 싶었습니다. 다들 조금씩은 더 행복해지셨으면 좋겠습니다.

'아직'에 절망할 때 '이미'를 보아
문제 속에 들어 있는 답안처럼
겨울 속에 들어찬 햇봄처럼
현실 속에 이미 와 있는 미래를

아직 오지 않은 세상에 절망할 때
우리 속에 이미 와 있는 좋은 삶들을 보아
아직 피지 않은 꽃을 보기 위해선
먼저 허리 숙여 흙과 뿌리를 보살피듯
우리 곁의 이미를 품고 길러야 해

저 아득하고 머언 아직과 이미 사이를
하루하루 성실하게 몸으로 생활로
내가 먼저 좋은 세상을 살아내는
정말 닮고 싶은 좋은 사람
푸른 희망의 사람이어야 해

-박노해, 시 에세이집 〈사람만이 희망이다〉 중에서

정의는 약자의 손을 잡아줄까?

1판 1쇄 발행 | 2016년 12월 13일

지은이 | 손은혜
펴낸이 | 이동희
펴낸곳 | (주)에이지이십일

출판등록 | 제2010-000249호(2004. 1. 20)
주소 | 서울시 마포구 성미산로2길 33 202호 (03996)
전화 | 02-6933-6500 팩스 | 02-6933-6505
홈페이지 | www.eiji21.com
이메일 | book@eiji21.com

ISBN 978-89-98342-27-2 (03330)